幸福易開罐

易聖華 著

life

生命・生活・生涯

精神・活力・新生

發現生命的價值 肯定生命的可貴

Life

叢書出版緣起

現代人處在緊張、繁忙的生活步調中，在承受過度心理壓力而不自知的情況下，逐漸形成生理與心理疾病，例如憂鬱、躁鬱、失眠等，這種種的問題，不僅呈現在個人的身心層面，更可能演變成為家庭破碎的悲劇，甚至耗費莫大的社會成本。我們從近年來發生的自殺、家暴、卡債族、失業問題等種種新聞中，不難發現問題的嚴重性，這些可能正發生在你我身邊的真實生命故事，也讓許多人不禁發出「我們的社會究竟怎麼了」的喟嘆！

面對著一個個受苦而無助的靈魂，我們能夠為他們做些什麼？而身為對社會具有責任的文化出版者，我們又能為社會做些什麼？這一連串的觀察與思考，促使我們更深刻地反省，並澄清我們的意念，釐清我們想帶給社會一些什麼樣的東西，讓臺灣的社會，朝向一個更美好、更有希望，及更理想的未來。以此為基礎，我們企畫了【LIFE】系列叢書，邀集在心理學、醫學、輔導、教育、社工等各領域中學有專精的專家學者，共同為社會盡一分心力，提供社會大眾以更嶄新的眼光、更深層的思考，重新認識自己並關懷他人，進而發現生命的價值，肯定生命的可貴。

要解決問題，必須先面對問題、瞭解問題，更要能超越問題。從這個角度出發，【LIFE】系列叢書透過「預防性」與「治療性」兩種角度，對現代人所遭遇的心理與現實困境，提出最專業的協助，給予最真心的支持。跳脫一般市面上的心理勵志書籍、或一般讀物所宣稱「神奇」、「速成」的效用，本叢書重視知識的可信度與嚴謹性，並強調文字的易讀性與親切感，除了使讀者獲得正確的知識，更期待能轉化知識為正向、積極的生活行動力。

值得一提的是，參與寫作的每位學者，不僅在學界與實務界學有專精，最令人感動的是，在邀稿過程中，他們與三民同樣抱持著對人類社會的理想與熱情，不計較稿酬的多少，願對人們的身心安頓進行關照，共同發心為臺灣社會來打拼。我們深切地期望三民【LIFE】系列叢書，能成為現代人的心靈良伴，讓我們透過閱讀，擁有更健康、更美好的人生。

三民書局編輯部　謹識

自序

人活著的意義何在？一個人活一輩子如何才算值得？

這是一個哲學命題，簡單又複雜，人言人殊。

但我想說的是，其實這個問題很簡單，人生一世，草木一秋，最大的意義就是：一生幸福地活著，並為他人帶來幸福。

職業的原因，我經常接觸到商業、學術、政治界的各種成功人士。在我原先的想像中，一個在商業及其他方面取得成功的人士，是十分值得羨慕的，而且應該是十分幸福的。

然而，走進他們的生活才知道，這只是我們的一種想像而已。

也許大家不信，如果只以生活的眼光來觀察，他們當中的一大部分，其幸福快樂程度還不如一般的企業白領。他們當中的一大部分，表面上事業有成，內心卻感到匱乏，有的在感情生活上不如人意，與妻兒形同陌路，有的疾病纏身，有的則連友誼、親情都因為金錢的緣故變了味，有的則心情灰暗。普通人在他們面前，在經濟上是不平衡的，然而，他們內心深處的自卑，比常人尤甚。最為嚴重的是，他們少數人甚至於厭惡事業本身，不知道自己這樣忙是否有意義，是否值得？對自我的評價也驚人地偏低，而這，可是毀滅性的！

為什麼連成功人士都未必能達致幸福呢？他們是一批集智慧、膽略於一身的社會精英分子，他們能做成一般人所達不到的事情，難道幸福就比成功還難嗎？

我想不是的。他們對於追求成功付出了足夠的關注，他們如願以償，但是，他們像我們大多數人一樣，對於如何創造與維護幸福，卻未必如此關注。

成功與幸福基本上是屬於兩個不同範疇的事情，幸福和成功一樣，是一個專門的學問與智慧。

我們都希望成功，和我們最親近的人如父母、兄弟姐妹、師長，一定更希望你能夠幸福！

幸福，對於一個社會個體來說是有益的，對於整個社會也是有益的。

追求成功，追求人生價值的實現，是現代人生命中主要的事務之一，成功是

自　序

值得追求的，有一顆追求成功的心，生活更有激情，更有力量，生命也更為燦爛。但我們常常忘記，幸福才是人生更深層的本義，有時更為重要。

我們常常認為幸福與成功同在，但是，結果有時相反，離成功越近，也許離幸福越遠。一個人將全部幸福寄託在成功身上，認為只有成功才有資格幸福，是難得幸福的。

莫城企業公司前總裁兼董事會主席伯里・戈迪說過一段話：「除非你把幸福快樂放在成功之前，否則你成功後反而足以破壞你的快樂！有很多成功的人，很不快樂，如果他們問我：我在哪裡做錯了？我總會回答：也許一開頭就錯了！」

約略言之，世上有四種人：

——不成功也不幸福，

——成功但不幸福，

——不成功卻幸福，

——又成功又幸福。

我們都願意成功幸福地生活。成功，並不是每個人都能得到的，但是，只要你願意，幸福人人均可以獲得。除了我們自己，沒有人會阻礙我們去尋找幸福！

這本小書，是我偶有閒暇時分段完成的，花費了我很長的時間。在這本書裏，我將貢獻出我對於幸福的思考與你分享：幸福到底是什麼？幸福的基本條件、幸福的要素為何？如何在工作、情愛、健康與性靈培養中獲得幸福？你可以一口氣讀完，也可以放在枕邊，臨睡前偶爾翻一翻。在你成功而忙碌的路上，此書若能帶給你些許寧靜，些許提醒，吾願已足。

易聖華

二〇〇七年

於深圳

幸福易開罐

目　次

幸福號

壹　幸福的秘密

鄉村偏野的農家，雖不富足，但環境清新，身體壯實，
身體的勞累之後，疲了睡，餓了吃，渴了飲，
情愛簡單純樸，生殖能力也強，較能符合基本的幸福條件。
經濟的增長，對於現代人來說，吃飽穿暖，滿足基本的需求已經不成為問題。
然而，這並不表示，本能幸福只是一種生物屬性的低層次幸福，
現代人就能解決得很好了。

幸福的一〇〇一個瞬間

幸福在生活中俯首可拾，卻又乍隱乍現，
難以捕捉，難以描繪。究竟，幸福為何物？

幸福是上蒼賜給我們的禮物。然而，幸福對於誰來說，都是一個秘密。
幸福雖是秘密，然而，生活中幸福的瞬間與場景，人人可以感受得到：
——晚飯後，與情人在林蔭道上牽手而行，一邊講著不相干的笑話。
——黃昏時分，夕陽的餘暉照在老人蒼蒼白髮上，兩個老人相互攙扶著買菜歸來，時間見證了他們半個世紀的愛情：執子之手，與子偕老。
——戀愛中的女孩子，約會回家的路上，回味男朋友頑皮的動作與樣子，笑打從心裡浮現臉上，見有路人，趕緊繃住。
——第一次聽到孩子呀呀學語，叫「爸爸媽媽」。

——下班了，三兩好友聚在一起，喝酒吹牛，互相揭露對方的「糗事」，完了打幾圈麻將。

——接到客戶通知，經過激烈的競標，你們公司得標了。你長時間的努力終於有了不錯的成果。

——週日早上不用設定鬧鐘，大睡特睡到自然睜開眼睛。

——在肯德基，父母看著孩子一邊大嚼雞腿，一邊興奮地說這說那，擺手叫他趕緊吃，吃完再聽他說。

——突然下雨，老婆打手機說送傘給你。

——家人團聚，聽老人家說你小時候的調皮事。

——靜夜讀書，有所得，拍腿叫絕！

——佛者河中放生，看著魚兒擺著尾巴游去，心中欣喜，今天又救眾生一命。

——開發人員經過長時間日夜奮戰，產品終於測試成功！

——看設計稿，選材料，把新房子佈置成了想像中的模樣。

——心無罣礙，旅遊度假。

——烈日炎炎的夏日，有冰西瓜吃。

——病中聽到親朋好友打來電話關心詢問，還有人在床頭幫你餵藥。

——醫生替病人清除了白內障，病人重見光明。

……

幸福在生活中俯首可拾，卻又乍隱乍現，難以捕捉，難以描繪，幸福為何物？這是一個說不清道不明的問題。

古人倒是把「幸福」看得曉暢明白，《尚書‧洪範》中謂之「五福」：長壽、富貴、康寧、好德、善終。意思是只要命長，錢多，官大，身體好、品德好，死的時候不是死於非命，就很幸福啦。

心理學家認為：「幸福就是看到自己把所有的潛能，由內心裡抒發出來。」

法國作家喬治‧桑 (George Sand) 說：「生活中唯一的幸福就是——愛與被愛。」

英國大儒生約翰生 (Samuel Johnson) 曾說：「希望，本身即是一種幸福，也許它也正是這個世界所能提供的主要幸福。」

普通百姓說得更簡單：幸福就是心裡的感覺，只要你感覺幸福，就幸福！

在生活中，幸福各有其道，不同階層，不同職業的人有不同的幸福。

送報員凌晨就得開始工作，不管風吹日曬，賺錢養家，供小孩子讀書，兒女努力、聽話，雖苦也幸福。

普通白領與公務員，收入一般，早上擠公車，晚上買菜做飯，週末度假遊玩，踩著細碎的日子，享受平安寧靜的時光，自有其幸福。

中產者有房有車，或經營自己的小公司，或是任公司主管，或在學術領域有一技之長，雖然忙碌且壓力大，但衣食無憂，生活有保障，希望掛在臉上。

企業家與高官權大財多，若能實現政治及財富主張，普惠與民，也是大幸福。

醫生有「醫者父母心」，懸壺濟世的幸福。

教書育人者有「桃李滿天下」的幸福。

律師有仗劍行天下，伸張正義的幸福。

佛者有普渡眾生的幸福。

……

你呢？你認為什麼是幸福？

37°2的幸福體溫

幸福是一種狀態，猶如我們恒定的體溫。

幸福到底是何物？

最常聽見的觀點是，幸福只是一種感覺。觀點的背後指的是，幸福與外在環境無關，只與你的內在主觀的心情有關。

那麼，幸福果真只是一種內心感覺麼？

舉個極端的例子，吸食白粉者心中快樂、興奮，卻未必幸福。無痛覺病人雖然身體感覺不到痛，其內心的痛苦卻比常人尤甚。心隨境轉，你我凡夫，不可能無視外在環境，而獨自幸福。疾病纏身，債臺高築，吃了上頓為下頓發愁，不可能心靈感到幸福。在牢獄中挨冷受餓，不可能感到幸福。

快樂是一種感覺，興奮是一種感覺，我們說的「幸福感」也可以說是瞬間的感覺。

但幸福不是純粹的感覺。

幸福是一種對於當下狀態比較滿意，對於未來抱有希望的綜合描述。

幸福不是一個分割的實體。

幸福是一種狀態，猶如我們恆定的體溫。

幸福是客觀環境與主觀精神的統一。

幸福需要主觀心理的調適，亦需客觀外在環境改變的努力。

幸福沒有統一的標準。

對於一個小孩子來說，能吃上一支霜淇淋，有一個好玩具就眉開眼笑，異常幸福！但對於一個成年人來說，一頓海鮮大餐都未必能帶來幸福。

對於一個平常人，一年收入二十萬（此處二十萬指中國大陸人民幣，約合八十萬新臺幣。一元人民幣約相當於四元新臺幣，下文出現的所有有關中國大陸貨幣皆依此換算）就很幸福；但對於一個大企業的老總，一年收入兩千萬仍覺得沒有達到預期收入。

乞丐覺得常人有吃有喝，真是幸福！

工人覺得能當工頭就很幸福。

員工覺得能多領點年終獎金就很幸福。

小老闆覺得當上大老闆才幸福。

小官覺得當大官才幸福。

……

幸福的標準是動態的，隨著人們的要求水漲船高。

幸福是沒有標準的，然而，幸福卻有基本的條件。

約略言之，對於普通人，幸福有兩個層次：一為本能的幸福，包括保證衣食住行的收入，健康的身體，豐盈的情愛。二則精神領域的幸福，包括成功的工作，同儕的尊重，藝術欣賞，自我的實現。

擁有本能幸福，幸福有了基本的保證。擁有精神領域的幸福，幸福更為深刻。

前者是根，後者乃木。前者是源，後者乃水。

無本能幸福之幸福，是無根之木，無源之水，斷不可長。

只有本能幸福而無精神領域的幸福，其幸福則多少有點遺憾。

本能幸福是生物屬性的幸福。人本生物，那麼做好一個大自然生物的本份，非常重要。本能的幸福之所以是基本的條件，是因為這是幸福的基礎，是精神領域的幸福所不能替代與彌補的。高的收入與高的名望，如果失去本能幸福的支援，往往是不幸福的。

鄉村偏野的農家，雖不富足，但環境清新，身體壯實，身體的勞累之後，疲了睡，餓了吃，渴了飲，情愛簡單純樸，生殖能力也強。較能符合基本的幸福條件。

經濟的增長，對於現代人來說，吃飽穿暖，滿足基本的需求已經不成為問題。然而，這並不表示，本能幸福只是一種生物屬性的低層次幸福，現代人就能解決得很好了。

在現代社會中，雖然造就了極多人擁有成功的工作，高超的名望，優渥的生活條件，然而，受著心理焦慮、失眠及不育、不孕症困擾的都市人群卻大幅增加；而在情愛方面受到阻礙的現代都市人更不在少數。另外，由於生存競爭的加劇，食物的污染，也由於人們錯誤的工作習慣與健康觀念，使得人們的身體健康受到很大的損害。而醫療制度的不完善，看病貴，看病難的問題沒有解決，小病不上醫院，最後貽誤成大病的也不少。

據統計資料顯示，不育、不孕症已經在現代社會中蔓延開來。每十對夫妻中就有一對受到不育、不孕症的困擾。治療不育不孕的廣告盛行，醫院也大發其財。

在情愛方面，由於工作與經濟的壓力，晚婚的人大幅增加，尤其在大城市，已過適婚年齡，三、四十歲仍然沒有結婚的佔據很大的人口比例，而單身群體也在不斷增加。「浪漫愛」的興起，情愛觀念的混亂，使得離婚率正在上升，作為社會基本單位——家庭的安定受到挑戰。孔子在古代即已描繪出「無曠男無怨女」應該是理想社會的基本條件，如果孔子在世，他對現代社會也會很不滿意。

精神領域的幸福是一個受到相當教育與訓練所能享受的幸福，成功的工作與同僚的尊重占據其中的大宗，而藝術欣賞及自我實現是更高層次的精神領域的幸福。藝術的欣賞能夠培養健康的性靈，從審美對象中獲得愉悅與滿足，自我實現則能夠提高個體在社會中的影響力，並為他人帶來更多的幸福。

推崇「以成功為中心」的社會往往會產生「本能幸福」的缺失者，而本能幸福與精神領域幸福的衝突與不調和，往往帶來嚴重的社會問題：個人對抗自己，個人對抗社會。對抗自己者自我情緒低落，憂鬱，甚至自殺。對抗社會者，後果更加嚴重，缺少對他人的友善與關懷，與社會敵對。越成功，影響他人與社會的力量越大，其對社會的危害也越大！

一個建立恰當幸福觀的社會公民，其本能幸福與精神領域的幸福是和諧的、均衡的，他的性靈是健康的，自我是統一的。他的自我不會分裂來對抗自己，更不會分裂來對抗社會。

一個建立恰當幸福觀的社會公民，明白最大的福祉來自於對於外在世界的關注，對他人的友善與關懷，他不僅自我幸福，也協助他人帶來幸福。

眼低手高

生命中最美好的事物不但經常是免費的，而且是無價的。

關於幸福，有一個哲理故事：

有一個人，他生前善良且熱心助人，所以在他死後，升上天堂，做了天使，他當了天使後仍時常到凡間幫助人，希望感受到幸福的味道。

一日，天使遇見一個農夫，農夫的樣子非常煩惱，他向天使訴說：「我家的水牛剛死了，沒牠幫忙耕田，那我怎能下田作業呢？」於是天使賜他一隻健壯的水牛，農夫很高興，天使在他身上感受到幸福的味道。

又一日，天使遇見一個男人，他非常沮喪地向天使訴說：「我的錢被騙光了，沒盤纏回鄉。」於是天使給他銀兩作路費，男人很高興，天使在他身上感受到幸福的味道。

再一日，他遇見一個詩人，詩人年輕、英俊、有才華且富有，妻子貌美而溫柔，但他卻過得不快活。天使問他：「你不快樂嗎？我能幫你嗎？」詩人對天使說：「我什麼都有，只欠一樣東西，你能夠給我嗎？」天使回答說：「可以，你要什麼我都可以給你。」

詩人直直的望著天使說：「我要的是幸福。」這下子把天使難倒了，天使想了想，說：「我明白了。」天使拿走詩人的才華，毀去他的容貌，奪去他的財產。天使做完這些事後，便離去了。

一個月後，天使再回到詩人的身邊，他那時餓得半死，衣衫襤褸地摟著妻子，不住地向天使道謝，因為他終於知道什麼是幸福了。

幸福有時就在人們身邊，只是人們沒有覺察，也不懂得珍惜，只有失去了才覺得可貴。

我有一個親身的經歷，可以拿出來與各位分享。

在中學時代，我曾經認為自己是不幸的。我經歷了相對富足、無憂無慮的童年，在青春時代，我的父親卻過早去世了，家庭生活較為清苦，經濟也比較窘迫。

因為比較窮，所以，我自己也比較懂事，十分節省。把錢只用在最低限度的吃飯、學習上。青春少年，本是扮靚的年齡，我卻鮮少買衣服穿。儘管大家公認我聰明，學習成績不錯，寫作也頗有天份，但與充滿歡笑的童年相比，與其他同學相比，我覺得自己是不幸福的。

高中二年級，正是向高考發動衝鋒的時候，我突然病倒了。

我整天頭痛，胸悶，心煩，耳鳴，失眠，尤其奇怪的是，這個病居然影響智力：注意力分散，記憶力下降，有時看書，一頁內容，看到後面，前面就已經忘光了。我認為是自己不用功所致，才注意力不集中，強打起精神，效果仍不理想。而到縣城的各個醫院求醫，醫生竟也不知道是什麼病？找不到原因。雖然服了中藥西藥，甚至家裡請了「神仙」來驅邪，病還是越來越重。

我考試的成績一落千丈，自己唯一值得驕傲的學習成績也沒了！

我深感悲觀與痛苦，更覺得對不起家人。一個早年喪父的孩子應該比其他人更有出息，考更好的大學，而這一點看來也難以做到。

我並不身強力壯，本想如果沒有考上大學，就回家做個農民，這下子連個好

的農民都當不了。我更覺得我是世界上最不幸的人了！

於是，我想到了自殺，我設計了一條路線，那是一個分叉路口，經常有汽車從那兒經過，等汽車快來時，我如果騎著自行車衝過去，汽車剎車不及，就會撞上我。我自己可以結束生命，車主的賠償，也可以給含辛茹苦養育我的母親略有經濟的補償——在我看來，這也是做兒子的唯一可以給予的報答了。

我書寫好信件給兄姐。母親認字不多，告別前只能以談話進行。我儘量平靜地對母親講，只說對不起她，本來可以考上好的大學，對她有所報答，現在自己連個好點的農民都當不成。我沒有提及要自殺，然而我說話時，眼淚卻還是控制不住的流了下來。

母親感覺到有些不對勁，她也哭了起來，她說不怪我。她還說，我以後就算是像村裡的開華，我還是她的兒子，她也不會嫌棄我！

開華是我們村裡最傻的人。因為早產剖腹開刀取出，故名開華。智力落後，話都說不清楚，只能從事簡單的勞動。

我頓時震驚了，一下子打消了自殺的念頭。

母愛讓我深受衝擊！同時，我覺得我的打算多不負責任。這病也就影響些智力，我有雙手雙腳，可以勞動。即使做個農民，至少可以多打點糧食，解決母親和自己的溫飽是沒有問題的！這個心頭上的包袱卸掉了，接下來的日子，我就想著安心做個農民。

回過頭來想想，從前雖然自小沒有了父親，但母親、家人如此無條件地愛自己，自己擁有青春和健康，擁有平常人的智力水準，有好的學習成績。這還有什麼不幸的呢？不滿足的呢？自己為什麼從沒有好好珍惜？

命運之神真會開玩笑。

我的兄長收到我的信後，心急如焚，把我的情況向省城的醫生諮詢了一下。省城的醫生推斷極有可能是額竇發炎腫脹壓迫大腦神經，引起注意力及記憶力下降和其他症狀。按照此推測，再經X光檢查果真如此，這是一個普通而常見的病症。此後對症下藥，很快就治好了，智力也一下子就恢復正常！

雖然時間的耽誤，我考的學校並不是特別的理想，然而，我欣然前往。

疾病不啻一所大學。把我從生死邊緣拉回來的這場變故，使我深刻地體認：

一個人，只要有健康，只要能夠像平常人一樣聽說讀寫就是最大的幸福了！我的心地也從此放寬了很多：人沒有什麼可抱怨的，只要有健康，一切就有希望，一切就有辦法！

影響人們感受幸福的，往往來自於高強度的生存競爭，埋怨現在沒有更大的房子，沒有車子，還沒有足夠的經濟能力來保障生活，覺得不平，覺得不幸。

事實上，人們覺得焦慮、不安的，與其說是因為生存競爭本身，不如說是與鄰居、朋友之間的比較，以及與電視、報章中成功人士的比較。

人們對於幸福的期望總是這山望著那山高，卻容易忽略了本身擁有的幸福。殊不知，幸福就在你的身邊，你的身上。

至少你是健康的，至少你擁有完整的四肢與大腦。

至少你還有青春，或年富力強。

至少你有份事可做，可以保證基本的衣食住行。

至少你擁有愛你的人，你愛的人。

至少你擁有自由。

……

欣賞自然萬物的美、享受平安寧靜的日子、父母兄弟間氣氛和諧，點點滴滴盡在其中，看似平凡的生活，幸福就在其中。

對於幸福給以過高的期望，往往是不幸的淵藪。

英國作家米契爾 (E. J. Michael) 在《太陽女神》(*Queen of the sun*) 一書中說：「生命中最美好的事物不但經常是免費的，而且是無價的。」

幸福本身的基本條件並不高，知足是獲得幸福最為簡單而且易行的途徑之一。時時盤點一下已經擁有但長期以來被忽略的幸福，會對幸福更加珍惜，常懷感恩之心，更多些心平氣和。

對於物質的知足、低標準的期望並不意味著隨遇而安，不思進取，更不是讓你放棄存款與房產，如孔夫子所言：「一簞食，一瓢飲」，與貧窮為伴，或者退回到自然的山林，在偏僻的農家小院裡安度餘生。

正確的態度是：對待生活中的物質享受能抱之以能屈能伸的態度，富亦安之，貧亦泰然。一個予外界以低標準期望的人，即使面對困境，也將更少失望，更少抱怨，對於生活中的痛苦與不幸也有更為強勁的免疫力。

真正的樂觀主義，不是認為世界十分美好，而當不美好的事物出現時，即陷入悲觀之中。真正的樂觀主義是：首先對於事物抱有近乎悲觀的看法，即世界本身美好與不美好均是生活應有之義，即使世界不夠好，甚至很不好時，也保持笑傲處之的態度。

對於幸福的低標準期望，同樣將使你笑傲一切，你將更有信心向成功邁進，向高標準努力！

因為，一切均是生活應有之義，無可抱怨，無可失望！

需求越少，你心靈越自由！

性天澄澈，你便心地更為良純！

心地良純，更能心無罣礙！

心無罣礙，更能正確決策，正確行動，直至卓越！

今天我們擁有了更高層的樓宇以及更寬闊的公路，

但是我們的性情卻更為急躁，眼光也更加狹隘；

我們消耗的更多，享受到的卻更少；

我們居住的房屋更大了，但家庭成員卻越來越少了；

我們擁有更多的知識，但判斷力卻更差了；

我們擁有更多的藥品，但健康狀況卻更不如意；

我們擁有的財富倍增，但其價值卻減少了；

我們說的很多，愛的卻很少，仇恨也更多了；

我們可以往返月球，但卻難以邁出一步去親近我們的左鄰右舍；

我們可以征服外太空，卻征服不了我們的內心；

我們的收入增加了，但我們的道德卻少了；

我們的時代更加自由了，但我們擁有的快樂時光卻越來越少；

我們擁有更多的食物，但所能得到的營養卻越來越少；

現在每個家庭都可以有雙份收入，但離婚的現象越來越多了；

我們的住房越來越精緻，但同時社會也有了更多破碎的家庭……

——摘錄、翻譯自文章〈*Think it over*〉

贈人玫瑰，手有餘香

行善與佈施者，內心會感到更快樂，更寧靜，更平安，而他人也會以同樣的心情回報。

一個人首先應該自我幸福，當內心的快樂幸福會透出來感染他人，才能為他人帶來幸福。

光有自我幸福是不夠的，我們還應該協助他人獲得幸福。而最高的幸福，就在於對他人友善與關懷，協助他人獲得幸福。

按照社會學的解釋，利他的行為是作為智慧動物的人類所具有的社會行為。儘管從達爾文的進化論而言，適者生存，動物間充滿生存競爭，但現實中利他的行為與例證並不鮮見。

魑蝠是一種以吸食其他動物的血為生的蝙蝠，如果連續三夜吸不到血就會餓死。但是並非每隻蝙蝠每夜都能吸到血，然而沒有吸到血的蝙蝠並不會因此而餓死。如果仔細觀察蝙蝠的血液反哺行為會發現，一隻吸到血的蝙蝠會把血吐給另外一隻正在挨餓的蝙蝠，而兩隻蝙蝠並不僅僅限於親代與子代的關係。

在螞蟻社群或者蜜蜂社群中，工蟻或工蜂辛勤地為蟻后或蜂后以及其他同伴服務而終日不辭辛苦。

猩猩作為靈長類動物，其利他行為更為明顯，當一隻小猩猩的母親去世了，其他猩猩將收養這隻小猩猩進行哺養，不管這隻小猩猩與牠們是否有親緣關係。

利他行為不僅僅在生物界類群中廣泛存在，就連小小的質粒中也存在著這種「高尚的行為」。生物學家從「細菌中質粒的自我犧牲行為」實驗中得以證實。質粒是一種類似於病毒、可以自我複製的 DNA 物質（脫氧核糖核酸），它進入細菌的細胞體後就可以隨著細菌的繁殖而複製，這樣，質粒就相當於細菌中的一種基因結構，而細菌則成了該質粒的基因載體。人們把某種質粒導入到特定的細菌體內，並與不含質粒的其他細菌共同培養，當細菌密度非常大時，即生存空間過分擁擠時，有些細菌中的質粒破裂，相應細菌的細胞體也隨之破裂，釋放大量毒素，

所釋放的毒素可殺死其他不含相同質粒的細菌，而對相同質粒的細菌則毫無傷害。質粒自我犧牲的利他行為保證了含相同質粒細菌的生存空間和營養資源。

動物及微觀質粒的利他，主要源於基因與遺傳的生物性因素，然而，對於人類而言，利他行為除了生物性因素，更多的是社會文化教化的結果。

儒家倡導「修身、齊家、治國、平天下」，由個人至家庭，由家庭至國家，由國家至世界，由內而外的為他人謀幸福。

在小乘佛教中，主要關注的是人如何通過修行來獲得自我幸福，而在大乘佛教中，如何協助他人獲得幸福卻成為主要內容，亦視為更高境界。

佛者通過深究其理，基於悲心與愛心，而作「天下眾生即其父母兄弟」之想，促發利他的決心：「我要使一切眾生皆離苦及苦因，並且得樂及樂因」，使得眾生脫離痛苦，達致幸福。

不管我們是否信奉儒家學說與佛釋教義，無人不覺得愛心的可貴。我們處在兒童時期，極其依賴父母慈愛，沒有父母的慈愛，我們將很難存活。而在老年時期，我們也很需要他人的友善，依賴他人的關懷。文明發達的城市，也以健全福利政策與公共設施來造福人生這兩個階段的人群：享受免費的教育，倡導社會群體讓座，可免費搭乘公車、公園遊玩等，給他們以優先的權利。

處在這兩段時期之間青壯年的我們，各方面頗能獨立，覺得自己不必依靠他人，便忘記對他人的友善與關懷，顯然是不對的。

青壯年有強健的身體與靈敏的頭腦，容易在物質上獲得大的進步，如果外在的物質發展能有內在精神發展的配合，我們就能對物質善加利用，使我們在享受物質進步的同時，不會忘卻人道的價值！

古語有云：「贈人玫瑰，手有餘香」，無條件的友善與關懷，並沒有實際的回報，唯一的回報是——行善與佈施者，內心會感到更快樂，更寧靜，更平安，而他人也會以同樣的心情回報。

對他人的友善與關懷，有各種表現形式：

世界首富比爾・蓋茨（Bill Gates）宣佈在他去世之後會將所有財產悉數捐出，從事福利事業。

無衣食之憂的白領捐助一個失學兒童完成學業。

一個企業主合法地納稅，履行一個企業公民的義務。

幫助一個朋友渡過難關。

友善地對待家人、同事、下屬。

將人生經驗與教訓與他人分享。

對一個不相識的人提供舉手之勞的協助。

……

只要你心存對他人友善與關懷之心，你就擁有最高的幸福。

生活五色球

天地運行，日落月明，寒暑交替，冬去春來；陰陽五行，相生相剋，均衡生息，和諧共存。

宇宙運行之道，也是生命之理。

如對生命重新觀照，幸福生活也在各方面的均衡發展中始能獲得。檢視生命中與幸福相關的重要因素：工作、情愛、健康、性靈，均相生相持，不可或缺。真正成功而幸福的人士，會對於上述幾個因素的平衡把握得很恰當。

電腦通上電源，通過軟體驅動，執行諸多指令，完成各項任務。而驅動人行為的，是欲望及價值觀念。換言之，人是被欲望及價值觀驅動的動物。

欲望猶電源，無好壞之分。性靈猶軟體，軟體的不同，使電腦的作用不同，善者可以協助辦公，可以協助太空人登上太空；惡者如駭客可以將它成為盜取他人銀行帳戶密碼的木馬程式，用它來從事各種非法的勾當。若再以汽車喻之，欲望是發動機，性靈即方向盤，只有方向正確，汽車才可能到達正確之地，人的欲望也需要美好及正確的性靈掌控才能走上正途。

因而，性靈的培養至為重要。培養正確而美好的性靈，能夠正確地享受生活，正確地追求工作與成功，引導欲望的動力之源創造人生中的幸福，同時，還能滌蕩心靈的塵埃，為欲望注入新鮮的氣息與燃料。

身體的疾病常常與負面的心靈相關，美好的性靈也是保證健康的不二法寶。

身體的健康則是欲望即動力之源的載體，攝取營養可口的食物，充分的休息以及定時的運動，良好的心態，是保證欲望發動機產生源源不斷的動力的最佳途徑。健康的身體，不僅能讓你在追求成功的路上，充滿信心，承受巨大的挑戰，具備非凡的勇氣與耐力，而且是保證「本能幸福」的基礎條件。

工作是人們生活中的主要事務。工作是經濟生活中的重要部分，人們通過工作創造社會財富，獲得報酬，再以報酬來養家餬口，保證生活中衣食住行之所需，創造醫療條件保護健康，通過理財，使金錢獲得收支平衡，消除生活中的貧窮、不安、焦慮，創造幸福生活的基本條件。

工作的意義遠不止這些，它還賦予生活另外一層重要涵義。即通過工作，人們的創造力、想像力、潛能均得以發揮，在講究協同合作的今天，工作還鍛鍊了人們的溝通能力，造就人們的雙贏思維，並在團隊中獲得幫助與友誼。

工作還使人將自我從狹小的「小我」中脫離出來，專注在更廣大的外界萬物上，實現自我價值，高尚願望，並成就夢想。高尚願望與夢想的實現，是精神幸福的高級層次，是幸福的一種巔峰體驗。

情愛在生活中的地位十分重要。愛情、親情、友誼，是人類社會中普遍的情感，是幸福的重要之源，也是工作與成功的重要動力。

情愛的力量，能夠幫助人們渡過苦難，面對不幸。同時，當你有喜悅與愛侶、家人、朋友分享時，能夠得到加倍的欣喜。

友誼不僅能增加人們的歸屬感，相互鼓勵、提醒、信任，還能在人生道路上相互扶助。在商業社會裡，很多成功人士的創業前期，都是仰仗朋友與客戶的幫助。友誼與人脈確實是工作成功的重要因素之一。

愛情頻頻出現在詩詞與影視劇當中，是文學作品的永恆主題。愛情對於女性來說幾乎是生命的全部，生活是否幸福的度量。然而，愛情對於男人的重要性，男人們普遍的態度是傾向於不承認，甚至認為愛情與婚姻是事業的妨礙。邱吉爾 (Winston Churchill) 就曾說，事業是男人努力的全部，愛情不過是努力之餘的遊戲。

然而，統計研究表明，在同等年齡中，已婚人士的收入平均比未婚人士高百分之十三，說明愛情與婚姻對工作有促進作用。

認為愛情是遊戲的邱吉爾本人，在愛情與婚姻生活中也是一個模範，夫妻倆共處一室，還經常訴之書信，以表愛意。

真正的愛情，有賴於健康的性靈與身體，需要兩人身體與性靈的參與，令人驚奇的是，愛情反過來也對於身體與性靈具有不可估量的提升作用。愛情中的人們精神飽滿，容光煥發，皮膚閃出耀人的光澤，正常的婚姻生活對人的健康壽命都具有不可估量的貢獻；任何一個普通人在戀愛之中都會變成一個詩人。當愛情降臨時，人們更容易感知世間的美麗。一株草，一枝花，一首曲子，因為愛而神靈般賦予美感，使得男人和女人感到這個世界樂趣無窮。

更大的意義在於，相互關懷的情愛是真正幸福的最重要因素之一，這一情愛不僅僅是彼此幸福的手段，而且是共同幸福的一種結合。擁有愛情，男人和女人不再孤寂，更具有心理上的安全感，會煥發巨大的勇氣與責任感，湧動驚奇的奉獻精神。

美國作家布里安・戴森（Brian Dyson），在《讓生活之泉涓涓流淌》一文中對於均衡生活的理解，與我們敘述的不盡相同，然而，精神相通，諄諄教誨，令人低徊——

生活就像是在空中拋接五顆球的遊戲。這五顆球分別是：工作、家庭、健康、友誼和精神生活。將五顆球同時在空中拋接，這的確是一門藝術。不久你會發現：唯有工作是一顆橡皮球，掉在地上還會彈起來；而其他四顆球都是玻璃的，掉在地上便會留下疤痕、裂縫、或摔得粉碎，總之，不可能再恢復原樣。所以我們要努力保持自己的平衡，才能把它們都放在手裡好好把玩……

幸福悄悄話

一本好書，兩張椅子，整個下午。
對於愛書人而言，這就是幸福！

跳進音樂的「流」！
隨著音符一同跳躍、飛舞，這是愛樂者的幸福。

貳　情愛與幸福

彼此牽掛，彼此疼愛。相期相許，相知相依。
一鼎一鑊，一蔬一飯。平平淡淡，恩恩愛愛。
愛情就在這些細節中。只要兩情相悅，這就是最好的愛情。
寫不進小說，不能拍成電影的愛情，往往是真正的愛情。

堅信愛

紅酥手，黃藤酒，滿城春色宮牆柳。
東風惡，歡情薄。
一懷愁緒，幾年離索。
錯、錯、錯！
春如舊，人空瘦。淚痕紅浥鮫綃透。
桃花落，閑池閣。
山盟雖在，錦書難託。
莫、莫、莫！

這是詞人陸游所寫的一篇風流千古的佳作〈釵頭鳳〉。而詞背後的真實故事，更令人唏噓。

陸游二十歲左右時與表妹唐婉結婚，倆人相愛很深。但陸游的母親不喜歡唐婉，結婚才一兩年，陸游便被迫與唐婉離婚而另娶王氏，唐婉也改嫁了趙士程。陸游三十一歲時，到紹興會稽的沈園遊玩，偶遇唐婉夫婦，唐婉派人給陸游送去酒菜致意。陸游回想往事，痛苦而又激動，就在花園牆壁上，題寫了這首感人至深的詞。

一年後，唐婉見了這首〈釵頭鳳〉詞後，感慨萬端，亦提筆和〈釵頭鳳・世情薄〉詞一首，不久，竟因愁怨而死。

晚年的陸游，重遊故地，還寫下一首〈沈園〉，不久便溘然長逝。

牛郎織女鵲橋之會，梁祝風中化蝶，寶黛紅樓遺夢，這些古典的愛情故事，在哀傷中，均給人以對真愛追求「堅如磐石」、「問世間情為何物，直教人生死相許」的震撼！

然而，在資訊時代的今天，有一種時髦的觀點正在紛擾著愛情與婚姻的價值，甚至受到很多成功人士和社會精英階層的認同，那就是——愛情與婚姻已經沒有我們上輩人那麼重要了，社會分工的今天，愛情與婚姻的各種功能都可以從其他方面得到實現與滿足。

他們舉出的例證是：

——愛情與婚姻的功能，愈來愈沒有效益：諸如承擔家務、撫養小孩、贍養父母、生殖、兩性的親密關係，都可以從其他管道得到實現與滿足。家庭代理服務機構具備承擔家務、撫養小孩、贍養父母的功能，而且服務更為專業。被成年子女贍養的費用，以後社會保險與政府就會承擔。兩性的親密可以從情人、性服務工作者那兒得到，而且不需要付出承諾與責任，更符合人追求新鮮的天性。總之，社會提供了家的全部功能，而這些都可以通過金錢辦到。

——關於生殖、傳宗接代的功能：每個人對生命本質的理解不同，傳統家庭認為唯有通過生物基因繁殖後代才是延續生命。他們則認為，文化基因也可以達到如此效果，像修士、僧侶，透過文化、宗教、信仰等來持續生命，而且是更高尚的生命表現。

——約翰・奈思比(John Naisbitt)在《大趨勢》(*Megatrends*)一書中揭示：社會趨勢朝向個人化發展方向的潮流，「社會的基本構成單位是個體，不是家庭」。社會趨勢的發展，家庭已經不是社會的基本單位，社會的基本單位越來越為個人所取代。

——甚至還有人從經濟學的角度，通過詳實的資料分析，得出結論，愛情的經濟效用，還不如找妓女划算！

愛情曾經是所有詩詞、文學作品描繪的主題；家，曾經是全家人共同的城堡。而今，在理性的分析中，這些價值逐一淪落……

的確，從社會的現象來看，離婚人群越來越多，晚婚、不婚人口越來越多，結婚年齡一直延後，即使結了婚，選擇不生育的「頂客家庭」(DINK, Double Income No Kid) 也越來越多。「候鳥、分偶家庭型態」正處於增長態勢。「地下情人」、「二奶」成為人們生活中熟悉的名詞。

婚姻家庭的男女不平等，現代婚姻關係的不穩定，促使更多現代女性，不再以家庭為中心，寧可更多地在職場中尋求自我肯定，這一切現象，也似乎印證了這一理論的正確性。對這個觀點，我不想多作辯駁。我們還是回到一個普通男人和女人的立場。

大自然造人，一開始讓男人和女人各自孤立著，他們開始相互欣賞、傾慕，並為對方吸引。這個時候，愛情的種子已經在男人和女人心中悄悄發芽、生長。男人施展魅力，展開求愛的努力，女人則從逃避、拒絕、害羞，逐漸地接受、喜歡，他們開始相愛，精神與肉體共同的參與，使得寂寞和恐懼遠離，他們在相互愉悅的愛情中，感受著沈酣的親密和真摯的情誼！而這，是生命所能給予我們最美好的東西。

設想如果上帝造人，一開始就將一個男人和一個女人指定為一對，或者像蚯蚓等低等無脊生物一樣，雌雄同體，不需經歷愛情，人生是多麼的無趣！

正是世上有男有女，才有人間的愛情，可以說，愛情是我們某個生命階段中綻放的無比美麗的人性之花！

海倫．凱勒 (Helen Keller) 說：「世界上最好和最美的東西是看不到也摸不到的……它們只能被心靈感受到。」

愛情正是這樣一個東西。

愛情甚至是不容理性審視的，它是一種近乎於宗教的情感。在愛的巔峰狀態，甚至於很多人產生一種欲求死而使時空凝固的情感。愛情為何有如此之大的魅力，現在仍然沒有答案。

在愛情生活中，一個男人和一個女人，可以成為一個最真實的人。他（她）不必扮演教師、學者、經理、官員等社會角色，他和她不僅可以是對方的男朋友、女朋友，丈夫和妻子，有時還可以是對方的兄弟、姊妹，有時可以是對方的父親、母親，甚至可以回到童年，成為頑皮的小男孩和小女孩。唯有以愛情為基礎的婚姻生活中，才可以容納如此豐富的角色體驗。

從經濟的角度考察，一個男人和一個女人分開生活，與一個男人和一個女人同居生活相比，所耗費的生活資源的總和，後者總是少於前者，由於互補效應的產生，其生活的品質也大為提高。這一經濟共同體的效能是可以很簡單地測算的。由於愛情所提供的心理支援，其效用還有增值的部分。統計研究表明，在同等年齡中，已婚人士的平均收入比未婚人士高百分之十三。

對於作為男人和女人的社會個體，愛情的價值還遠遠不止這些，除了精神方面的、經濟方面的意義，愛情還有生物上的價值。

幸福就是——無論是快樂、悲傷、挫折或軟弱時，
總是有人給予自己一個大大的熊抱。

一對幸福的國王企鵝伴侶。國王企鵝的世界與人類相去不遠：牠們採一夫一妻制，喜歡有伴，偶爾也會鬥嘴。牠們靠著熟悉的叫聲來尋找彼此。

研究發現，沐浴在愛中的人，對於疾病有更多的免疫力，自主神經系統更為協調，與沒有愛情滋養的人相對照，健康、長壽者的比率大大提高。

羅素 (Bertrand Arthur William Russell) 認為，愛情不僅使文明人充分滿足他們性的本能，愛情的價值還在於我們自我的完善，並且是我們仁愛對待他人的基石，具有社會的意義：

「愛情可以把自我的堅壁攻破，產生出一個合二為一的新生命。

那些未曾經歷過相互愉悅的愛情中沈酣的親密和真摯的情誼的人，實在是失卻了，他們會無意識地——倘若不是有意識地，感到了這種損失；結果，他們因為失望的心理，常常發生妒嫉、欺壓與殘酷的行為。

給熱烈的愛情一個適當的地位，於是成為社會學家應該關注的一個問題。因為假如人們失掉了這種經驗，他們的發展就不能達到充分的高度，對其餘的人們就不能發生一種仁愛的熱情；而要是沒有這種熱情的話，他們的社會活動一定會是有害的。」

一個人的人生是孤獨的，寂寞的。一個有愛作為後盾的人生，一個有安全感的人生，無疑會產生巨大的力量。一份美好的愛情，一個圓滿的家庭，不僅是女人受到委屈，足以受到照顧與撫慰的安全港灣，它也是一個男人的棲息地、加油站，可以分享成功的喜悅，受到傷害也可以在此舔舐傷口，撫平創傷，重新站起來，再次整裝待發，迎接最艱鉅的挑戰。

政府福利、社會保險、托育服務，使我們從以個人、家庭的經濟能力來贍養老人，犧牲絕大部分的工作時間來撫養、教育兒童的負擔中解脫出來。但是，它的作用也僅限於此，不能太高的估價它的功能。它能夠部分地減輕我們的負擔，使我們可以將更多的時間，投入於工作、創造中，同時，更高品質地享受愛情與家庭的價值，但是，它不能免除我們愛的義務。

看著一個新的生命從愛情的結晶中誕生，這是愛的奇蹟，也是生命的奇蹟。而撫育一個生命，讓兒童沐浴在父愛與母愛中，讓他懂得愛，學習愛，摹習父母的情感，享受並明瞭幸福人生的意義，為他將來正確扮演成年男人和女人的角色做準備，這是愛情也是家庭的價值，是任何家庭服務代理機構及教育機構都無法取代的。

我認為，在綠草和陽光下，一家人歡笑著遊玩、嬉戲，無論是現在還是將來，都永遠是人生中最美麗的圖景之一。那種以為可以不通過生物基因而通過文化基因就可以延續生命的看法，是自欺的，也是反自然的，當然也沒有實踐推廣的必要。

愛情、婚姻、家庭，是幸福人生中最重要的部分之一，是上天賜予人們最好的禮物。要享受這個幸福，首先，應該堅信它的價值。

愛的原點

愛的原點其實很簡單，可以簡化為四個字：兩情相悅。有這四個字，愛情婚姻幸福的機率就增加了一大半。

作為人生中最重要的事務之一——愛情與婚姻，在我們的教育中還沒有專門的課程。有關這一問題的知識獲取，最主要的途徑，除了長輩的耳濡目染，潛移默化的習摹，一個是文學作品、影視劇的薰陶，另一個是密友間的交流。

瓊瑤的小說與愛情劇曾經風行一時，「無愛不成戲」，好萊塢的電影中，愛情也是常見的主題。編劇往往偏愛那些男女主角愛得死去活來而終不可結合的題材，因為編劇清楚，那才具有悲劇的力量。同時，衝突是戲劇的基本要素，編劇往往在男女主角中加入一個第三者、第四者，使得片中的愛情，浪浪漫漫，曲曲折折，轟轟烈烈，足以驚天地，泣鬼神，當然啦，觀眾就只有掏紙巾抹眼淚的份了。

只要有誰在戀愛中，或者誰正在談婚論嫁，勸告就很多，議論也十分熱鬧，各種說法逐一登場，比較流行的有：

「找一個你愛的人戀愛，找一個愛你的人結婚。」

「找一個愛你的人做妻子（丈夫），找一個你愛的人做情人。」

「老婆要品德好的，勤快的，通情達理的，情人要美麗的，性感的，風騷的。」

「愛情是浪漫的，婚姻是現實的。」

「真正的愛情在婚姻之外。」

……

這些日常生活中的只言片語可不是說著玩玩的，亞文化圈中的文化，其影響力往往蓋過任何教科書。這些支離片斷的「知識」，從某種程度上說，構成了很多人的愛情觀念，確實有很多人有意識無意識地在身體力行。

生活中，你不難發現，有不少女孩子在婚前嘗試各種戀愛，還覺得電影中的浪漫愛情一定能在下一場戀愛中上演，直到傷痕累累，疲倦不堪，才收拾起身心，藏著遺憾，要麼隱瞞自己的情感歷程，和一個穩定可靠的男人結了婚，要麼找個老實可靠、不問過往的男人嫁了了事。

同樣，有的男子各方面條件都很好，卻找了個與自己沒有多少共同語言，不被自己尊重的女子結了婚，生了子，一邊進行事業的忙碌，一邊在婚外尋求戀情，或等而下之，用狎妓來滿足替代性的需求。而與之結婚的女人，是他的妻子、孩子的母親，他卻並沒有對她傾注全身心的愛。

還有些女人未必愛那個男人，只是覺得他經濟比較穩定，脾氣比較好；對於愛與不愛對方，自己一直遲疑，後來經朋友與長輩一番「愛情是浪漫的，婚姻是現實的」的教導，穿起了嫁衣，有關愛情的幻想從此鎖在自己心靈的某個抽屜裡。如果她比較幸運，男人待她很好，倒是一個尚能接受的結局，但對於那個男人，如果逐漸發現這個事實，未必不黯然神傷。

同樣的，也有男人對愛情抱著浪漫的想法，只是年齡稍長，好對象仍不可得之，在長輩的催促下，找了個從現實考量，也還不錯的女子，結束了單身的生活。如果能夠醒悟，這個未必是自己理想中伴侶形象的女子，卻是最適合自己的，倒也是件幸事。在沒有別的感情因素干擾的情況下，一切都可能平平安安，順順當當，然而萬一遇到其他機會，這個男子的愛情火花，是否會為別人燃起，誰也不敢保證。

還有一些男女，乾脆選擇「只愛不婚」，可以戀愛，可以同居，但打死也不談婚論嫁。他們宣稱，與其像一般人活在沒有愛情的婚姻中，不如他們，活在沒有婚姻的愛情中。

一方面是影視劇浪漫愛的影響，一方面是現實經濟的因素，這些都在模糊著現代人的愛情觀，使得愛情變得斑斑駁駁，越走越遠：愛與被愛不能統一，靈與肉相互分離，愛情與婚姻相對立。

愛情的悲劇，一部分是婚後的瑣事造成的，然而，一大部分，是在一開始就埋下了伏筆。如果我們對愛有正確的觀念，這些悲劇完全是可以避免的。

愛的正確觀念，還得回到愛的原點來認識。

愛情的原點很簡單，它是這樣一種情感：需要精神與肉體共同的參與，相互愉悅，沈酣的親密和真摯的情誼。它要求：

——愛情是肉體與精神統一的。

——愛情是親密的性愛，同時也是一種友誼。
——愛是相互愉悅的，愛與被愛是統一的。
如果具備這三個要素，不問是否促成兩者的相互結合，這種愛情就是真正的愛情。

儘管曲折的，需要付出更多努力的愛情，會加重愛的份量，彼此會更加珍惜，但是，轟轟烈烈卻不是真正的愛情的本義。

——彼此牽掛，彼此疼愛。
——相期相許，相知相依。
——一鼎一鑊，一蔬一飯。
——平平淡淡，恩恩愛愛。

愛情就在這些細節中。
只要兩情相悅，這就是最好的愛情。
寫不進小說，不能拍成電影的愛情，往往是真正的愛情。
你愛她（他），她（他）不愛你，是一種痛苦，

她（他）愛你，你不愛她（他），是一種遺憾，

你愛她（他），她（他）也愛你，就是一種幸福。

只有性，沒有愛，只能發生在偷情、一夜情、狎妓等不正當的愛當中。

只有愛，沒有友誼，愛情不可能長久。

如果這三個要素缺少其中一個，愛情則不完整。

——「找一個你愛的人戀愛，找一個愛你的人結婚。」

你愛她（他），她（他）如果不愛你，真正戀愛的滋味，你並不能享受到。

如果婚姻中，只有她（他）愛你，你的婚姻中沒有給予，同時也沒有愛情，對你是一種耽誤，對她（他）也是一種殘忍。

僅享受被愛，而沒有自甘自願，發自內心的給予愛，即使愛情以婚姻的形式固定下來，也不是真正的愛情。

——「找一個愛你的人做妻子（丈夫），找一個你愛的人做情人。」

如果你愛她（他），她（他）也愛你，她（他）是你的妻子（丈夫），也是你的情人。

如果期望從婚姻之外尋找愛情，其結果往往是連婚姻都弄丟了。

愛的原點其實很簡單，可以簡化為四個字：兩情相悅。有這四個字，愛情婚姻幸福的機率就增加了一大半。

幸福婚姻如果說有什麼秘訣，那就是一開始雙方就把諸如經濟因素、現實考量放在相對次要的位置，把愛本身看得最崇高。

一對相戀的情人，一對新婚夫婦，世人往往容易羨慕其可見的表象：女子的端莊美麗、男子的多金能幹、雙方的家庭背景、經濟條件，以及陪嫁的物品、婚禮的排場。然而，只有當事人雙方最為清楚，或者只有歷經世事的有識之士才能看透，虛華的表象都只是一種陪襯，內裡的雙方關係，才最為緊要。

妻妾制度的廢除，一夫一妻制度的實行，根除了人們通過正當途徑在不同的人那裡實現滿足愛情不同需求的可能性，愛情的三個要素，必須就要在這一對男人和女人自身得以實現。他和她，是你的先生或太太，還是你的好朋友，也是你的情人。你們相互關愛，你們產生了愛情，然後把這份愛情帶入了婚姻。

這個婚姻制度是否合理，有沒有更好的制度？可以討論，但這不是一個普通的男人和女人可以掌控的。但是，找到相知相伴，相互愛慕的伴侶，對於普通的男女，卻是可控的，也是可行的。

是的，對於一個現代男女來說，找到兩情相悅的伴侶，並非易事，但是，對於願意創造甜蜜與幸福婚姻的人們，捨此別無他途。

一句話，一座山

無論疾病窮困，我都不離不棄！
敢於肩負這種責任，愛情與婚姻的安全感才不是無源之水。

如果兩人的愛情是以相互結合為目的，就提供了通向婚姻的可能性。如果愛情通向婚姻，就必須加上一個要素：責任。同時，婚姻也貢獻了一個要素：親情。

愛情能夠通向婚姻，是一個值得恭喜的結果。十年修得同船渡，百年修得共枕眠，兩人的修行終成正果。

愛情有相對輕鬆的性質。雙方在戀愛當中，卿卿我我，花前月下，好不熱烈，好不歡快，兩人彷彿生活在一個隱居的桃花島上，沒有俗世的侵擾，沒有義務的束縛，即使海枯石爛，海誓山盟之類的承諾，也多是諸如「永遠」、「一輩子」等不著邊際，沒有計劃性質的內容。

轉入婚姻當中，一切歸於平淡，忙著張羅房子，擁有更高生活品質的經濟責任，雙方父母的贍養，孩子的生育撫養，姻親關係……，這些現實問題開始擺在兩人的面前。另外一個方面，由於長期的接觸共處，生理本身的吸引逐漸褪色。當浪漫不再，責任越來越重，有的人就免不了感歎：婚姻是愛情的墳墓。

在愛情中，承諾讓他（她）幸福，發誓永遠不分離，而在婚姻當中，這些承諾和誓言，便早已經忘到腦後，認為這是不愉快的責任，這是沒有意義的。

從獲得結婚證書開始，愛情過渡到了婚姻。

不要看不起那一紙證書，認為那只是一種形式。它說明，這張證書的當事人雙方：願意以法律及契約的形式，負責任地履行最神聖的承諾與誓言。

西式教堂的婚禮有一個程序，在男女交換戒指後，牧師問雙方當事人：

「你是否願意讓眼前的這位女子成為你的妻子，不論發生什麼事情，疾病窮困，你都會一輩子不離不棄，互相扶持，永結同心？」

「我願意！」

「妳是否願意讓眼前的這位男子成為妳的丈夫，不論發生什麼事情，疾病窮困，妳都會一輩子不離不棄，互相扶持，永結同心？」

「我願意！」

中式婚禮沒有這套禮儀，領取證書時也沒有這套程序。但婚姻的神聖與責任卻是相同的：疾病窮困，不離不棄！

敢於肩負這種責任，愛情與婚姻的安全感才不是無源之水。

如果說愛情中的承諾與誓言是求愛的必需，雙方感情的潤滑劑，那麼，婚姻就是這個神聖承諾與誓言的實踐過程。

如果說愛情中的承諾更多的是一種理想藍圖和願景，婚姻就是把這個理想與願景，變成目標、計劃，並且付諸執行。

一個生意合約的簽訂都要求雙方遵循商業的基本道德：按照契約嚴格地執行承諾。何況人生中的大事？

在生意場上，商業資信調查是最難的一種，然而有人卻憑藉一個簡單的辦法：從側面瞭解合作者的夫妻關係如何？如果此人在婚姻關係上肯負責，那麼洽談一場生意，作為合作夥伴，甚至於借款都不會有太大問題，如果此人夫妻關係不好，尤其在外面另有妻室，這樁生意就要小心為妙。據說這個辦法屢試不爽，因為大家相信，婚姻與生意無不同，即對於承諾的態度必須始終如一。

在我們的父執輩們的觀念中，責任成為維持婚姻的主要力量。他們雖則也有離婚，但相對較少。現代的男女，都經受這樣的教導：婚姻是愛情的外衣，人們因為愛情而進入婚姻，如果婚姻裡沒有愛情了，婚姻就應該解除。「我們之間不再有愛了」，這是很多人走上民政局（即臺灣的戶政事務所）和法庭的理由。

婚姻裡的愛情，確實是主要內容。但如果婚姻沒有責任作為依託，則更難衡量，更容易變動，更不穩定，更難維繫。在這種思想指導下，離婚率不是下降而是大大提高，就不足以為奇了。

對於愛情的重視本沒有錯，但是，由此降低承諾與責任的地位，卻是我們現代婚姻中的一種危險傾向。

在愛情中談感覺，是時尚的，新潮的，談責任與堅守承諾，比較乏味，也比較老土。但是，婚姻中最質樸的承諾的力量，卻最令人動容。

在婚姻生活中，一對沒有血緣關係的男女，待在一起的時間，甚至超過了父母兄弟姐妹和你在一起相處的時間，這種關係，雖非親情，卻勝過親情。諸如共同撫養孩子、姻親關係的經營、經濟生活的維持，彼此相知相愛，永不背叛等，普通人順當的婚姻中的責任，說到底，它是一種親情的責任，也是一種甜蜜的責任。

婚姻中責任的承擔，需要男人和女人成熟的人格。

如果只想享受愛情中的甜蜜，害怕婚姻的責任，最好推遲你的婚期。

如果已經進入婚姻，仍然為責任感到不悅，除了現實的努力外，你還需要鍛鍊你的人格。

一邊罵你死鬼，一邊當你死黨

如果想執子之手，與子偕老，則應該培養、發掘婚姻中的友誼。

有人問，婚姻中除了愛情和親情之外，還需要具備什麼？

我的回答是：友誼！

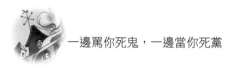

友誼是愛情的三個要素之一。當愛情進入婚姻階段後，人們容易忘記友誼的存在。然而，友誼卻是幸福婚姻中的必需，也是愛的關係終生維持的重要因素，甚至可以說是最重要的因素。

不知道是男女本身的差異，還是人類進化基因所留存的密碼指令發揮作用，現實生活中，男性更容易為女子的相貌、以及「有女人味」的聲音、感覺所吸引，由性而愛；女性則往往更愛慕男子內在諸如勇氣、為人、責任感、幽默感之類的智識和品格，有愛方才有性。愛情中女性對男性施加的考驗，所在意的，也只是這份愛到底有多少份量的真實性，是否會給未來婚姻的保障帶來危害？從這個意義上說，在愛情本能的起點上，女性的表現的確比男性更為成熟。

只有隨著年齡的增長，受過適當的教育，或者看到身邊不成功的愛情與婚姻的例子，加以總結應用，或者自身經過一些挫折，男性才會逐漸對於愛情的觀念有所調整。要說一個男性對於身體的吸引力會從此忽視，那可是難以辦到的，但是，他從此更注重女性內在的品格、為人、價值觀念的貼近，那卻是可能的。換言之，他會自問，她成為我的情人之外，是不是能成為我的好朋友？如果答案是肯定的，他會選擇這段愛情，並相互結合，組建家庭。自覺或不自覺中，他也把友誼這一重要的要素帶入了愛情和婚姻。

生活中的中上之姿，兼有內在優秀品格的女性，往往最容易受到男子發自心底的愛慕，也容易成婚，並在婚姻中享受幸福。而姿色上佳、內在品格卻無可取的女性，容易受到目的不純的男性的侵擾，遭受男性的玩弄，而後加入玩弄男性之列，或者一些秀外慧中的女性，男性容易誤解和忽略其內在之美，遭受愛情的打擊，釀成「自古紅顏多薄命」的悲劇，這些是否與男性的這種思維有關？我不知道。

我們還是回到正題，看看什麼是婚姻中的友誼？婚姻中的友誼會有哪些正面的作用？

婚姻中的男女，如果有友誼，那麼他們就會有基本相似的為人處世、待人接物的觀念，至少會有一兩個共同的興趣，最重要的是，擁有基本相同的目標和人生夢想。

再美麗的女人她可能會說謊、欺騙。再有吸引力的男人他可能會毆打女朋友，可能自私和不負責任。再浪漫再有激情的愛情，總有一天會絢爛至極，歸於平淡。

唯有友誼，日久彌新，地久天長。

「不是同路人」、「不在同一個世界」，經常用來描述持不同價值觀念和信仰的人，擁有友誼的婚姻中的男女，對生活的基本面有共識，走的是同一條路，腳踏在同一世界上，婚姻更融合，更豐富、更有意義，過得更輕鬆。

因為有共同的興趣，他們可以在一起遊玩，嬉戲玩笑。

因為為人處世觀念相近，所以分歧不會太大。

因為有共同的目標與夢想，他們的心更緊密，更能同甘共苦、相濡以沫的走向前方。

因為有友誼存在，他們更容易正視男女之間的差異，保留歧見，和平共處。

因為有友誼存在，他們更平等，也更容易溝通。

因為有友誼存在，他們相互尊重。

因為有友誼，他們給對方以信任。

因為有友誼，他們會對對方保持必要的禮貌。

爭吵時，有友誼存在，不會放話說結束關係，將雙方關係視為犧牲品，因為他們珍惜這種關係本身。

性愛中，有友誼存在，即使身體的新鮮感已經消失，他們仍能享受彼此的愛意。

即使老年已至，兩人都進入安全年齡（指生理安全年齡，戲指已經沒有了性慾望，男女在一起也很安全的年齡），「少年夫妻老來伴」，他們也是最好的玩伴。

即使老年已至，過去在一起的嬉戲玩笑盡是美好的回憶，潮起潮落，無怨無悔。

婚姻中友誼的必要，不是杜撰，而是有著科學的根據：

在美國一所大學中，有一組社會學家對上百對結婚超過五十年，至今還快樂無比的夫妻做了一個調查，問到有關使他們婚姻如此幸福的秘訣，每個人都說，他們的伴侶是他們最好的朋友；他們都有共同的信仰、共同的興趣、共同的目標，並對人生有共同的方向。答案顯示出一個壓倒性的事實——友誼，是使婚姻幸福的關鍵，而其他像外型的美醜及物質財產等，卻居於次要的位置。

我認識一個民事庭的法官，他審理了近千宗離婚案，但同時他也使上百對夫婦復合。他告訴我，夫妻之間的矛盾即使鬧到上法庭的地步，最終的原因，也只是一些瑣屑的小事情，真正因為愛情本身的原因，反倒很少。

婚姻專家也證實，友誼與性生活的和諧大有關係。太太是否對婚姻中的性愛和激情感到滿意，有七成決定於夫妻倆的友誼質量，對男性而言，尤其結婚多年之後，更是如此。

生活中的男女因為先有友誼，發展成情侶的比比皆是。

因為彼此身體的吸引踏入了愛情的伊甸園、婚姻的殿堂，生活中也並不少見。到了婚姻生活，請別忘了發揮友誼的力量。

如果想執子之手，與子偕老，更應該培養發掘婚姻中的友誼。

因為深厚的友誼，像生活中的空氣，平時感覺不到它的存在，而對於幸福婚姻而言，卻尤其重要！

夫妻約法三十章

有人說，事業可以通過努力達到，而愛情和婚姻，多數靠緣份，是努力不來的。你贊同這個說法嗎？

雖然失敗的婚姻家庭生活也會促成人成功，但往往不幸福的婚姻生活將使一個人陷入悲慘的命運。比如，當林肯總統 (Abraham Lincoln) 被暗殺後，他早年在律師事務所的合夥人說：「與其說林肯死於政治，不如說是死於婚姻不幸的苦果。」離家出走的文學大師托爾斯泰 (Leo Tolstoy)，在大雪紛飛的夜晚，孤單一個人凍死在火車站裡，不幸的婚姻是他如此淒慘死亡的主要原因。也許，他們自己未嘗不期望婚姻的幸福。

偉大的小說家屠格涅夫 (Ivan Sergeyevich Turgenev) 是公認的文學天才，受到全世界的讚譽，可是他說的話令人淚下，他說：「如果在某個地方有某個女子對我過了吃晚飯的時間還沒有回家吃飯，表示十分關心，我寧願放棄我所有的天才和所有的著作。」

有的人說，事業可以通過努力達到，而愛情和婚姻多數是緣份，是努力不來的。但是，事實卻證明，創辦一家企業，只有百分之四十的機率會成功，而只要努力維繫，婚姻的成功率是百分之七十。

女人一般知道，對於幸福生活而言，成功的愛情、婚姻比成功的事業更為切身。但對於一個男人來說，即使知道這句話也是真理，卻往往需要更加努力地體會與實踐。

促使愛情與婚姻成功幸福的因素有很多，以下，是愛情婚姻專家的建議，也是我們應該遵守的基本規範：

1. 相信愛的價值。

2. 愛情與婚姻比工作更切身，也更容易成功。

3. 想要擁有幸福的愛情和婚姻，首先要保證：你們兩情相悅，他和她，是你的先生、太太，還是你的好朋友，也是你的情人。

4. 把友誼帶入愛情，在愛情中發展友誼。
5. 把愛情帶入婚姻，但不把它當成維繫婚姻的唯一要素。
6. 重視婚姻中的友誼。
7. 不為文學作品和影視劇中的愛情觀干擾，拍不成電影的愛情才是真愛情。
8. 堅守承諾，擔負責任。
9. 提倡平等。
10. 提倡溝通。
11. 相互尊重。
12. 相互信任。
13. 不讓你們之間的關係作為爭吵的犧牲品，不輕易說結束關係。因為它處在最高的位置。
14. 讓婚姻中的正面情緒佔上風。
15. 婚姻中不容許惡意的批評。
16. 對對方輕蔑是婚姻的大敵。

留給家人一張「濃情蜜意」小貼紙，不僅為日常生活帶來小小情趣，也是一種非語言的溝通方式。

17. 在爭吵後，儘量主動的修好。

18. 接受對方的修好表示。

19. 重視婚姻危機中的預警現象。

20. 愛情與婚姻體現在細碎的細節中，在小地方體現關懷。

21. 即使在商業界，大家都認為星期日是個人時間。不答應週日的約見，推掉週日的應酬，保證至少每週日是和家人相聚的時間。

22. 你也有缺點，所以，坦然接受對方的缺點。

23. 在姻親關係上，建立「夫妻同心」的感覺。

24. 合理的規劃你們的開銷，不讓經濟上的不安全感擾亂你們的婚姻。

25. 世界上有兩類問題，可能解決的問題，儘早解決。但人不能解決所有問題，有些不可以解決的永久問題，與之和平共處是最明智的。

26. 夫妻間也要感謝。

27. 夫妻間也需要相互讚美。

28. 注重雙方的節日：生日，初識日，結婚紀念日。

29.注重夫妻間的一些禮儀：早上分別時的揮手，回家見面時的微笑。

30.分享共同的夢想。

……

親情與友愛

兄弟姐妹就像天上飄落的雪花，當落到了地面，
就化成了水，融在一起，誰也分不清是誰？

最後，我們來談談人生中的另外兩個重要的情愛：親情與友愛。

我曾經聽到一個年齡較大而沒有成婚的朋友感歎：假如生活中沒有家人和朋友，我真的不知道自己會不會活下去。因為，除了工作，我不知道自己活著還有什麼意義？

他的感歎嚇了我一跳，不過，也讓我明白，親情與友愛在生活中的巨大作用，尤其對於沒有走入愛情、婚姻的年輕人，親情與友情提供了主要的精神力量。

曾經聽過一個故事，讓我非常感動：

男孩與他的妹妹相依為命。父母早逝，她是他唯一的親人。所以男孩愛妹妹勝過愛自己。然而災難再一次降臨在這兩個不幸的孩子身上。妹妹染上重病，需要輸血。但醫院的血液太昂貴，男孩沒有錢支付任何費用，儘管醫院已免去了手術費，但再不輸血，妹妹將會死去。

作為妹妹唯一的親人，男孩的血型和妹妹相符。醫生問男孩是否勇敢，是否有勇氣承受輸血時的疼痛。男孩開始猶豫，十歲的大腦經過一番思考，終於點了點頭。

抽血時，男孩安靜地不發出一絲聲響，只是向著鄰床上的妹妹微笑。輸血完畢後，男孩聲音顫抖地問：

「醫生，我還能活多長時間？」

醫生正想笑男孩的無知，但轉念間又被男孩的勇敢震撼了：在男孩十歲的大腦中，他認為輸血會失去生命，但他仍然肯輸血給妹妹。在那一瞬間，男孩所作出的決定是以自己的一生做賭注，並下定了死亡的決心。

醫生的手心滲出汗，他緊握著男孩的手說：

「放心吧，你不會死的。輸血不會丟掉生命。」

「真的？那我還能活多少年？」男孩眼中放出了光彩。

醫生微笑著，充滿愛心地說：

「你能活到一百歲，小伙子，你很健康！」

男孩高興得又蹦又跳。他確認自己真的沒事時，就又挽起胳膊——剛才被抽血的胳膊，昂起頭，鄭重其事地對醫生說：

「那就把我的血抽一半給妹妹吧，我們兩個每人活五十年！」

孩子無心的語言，令在場的所有人震驚，這就是親情的力量。「血濃於水」，與其他各種關係相比，親情是人類情感中最無私的一種。

親情中有三種愛：第一種是下傾的愛，即父母長輩對於兒女的愛。父母愛兒女，沒有摻雜任何私心的目的。孩子高興，他們也高興，孩子痛苦，他們更痛苦。一個嬰兒露出微笑時，父母笑得合不攏嘴，當孩子叫第一聲爸爸媽媽時，做父母的心花怒放，忘了自己姓什麼。孩子取得一點點進步，做父母的就覺得自己是天底下最幸福的父母，自己的孩子天底下最聰明！

現代父母在工作上要為老闆工作，尚有酬勞。在生活上為兒女「工作」，不僅沒有酬勞，還要將為老闆工作的酬勞貢獻出來給兒女，而且還幹勁百倍！

我看到過一個父親，他那讀一年級的兒子學習成績很不好，當同事懷疑他兒子的智商有問題時，他很認真地說：「昨天我問他一加二等於多少？他說等於三，我再問他二加一等於多少？你猜怎麼著？他居然也知道等於三呢！我兒子還是蠻聰明的！」呵呵，只有做父母的，才會這樣袒護自己的孩子！

孩子成年後，他們最希望孩子的也只是平安、幸福。他們不會因為你職位低、錢財少、智商不高而嫌棄你。父母總是看兒女的優點，如果智商不高，他覺得這個兒女樸實，如果兒女外表平凡，他覺得兒女善良、有內涵。

即使成年子女為重病所困，造成生計上很大的負荷，老人們也不離不棄，服侍在床，無怨無悔，這種場景，我們在生活中經常可以看得到。我們還經常在電視新聞中看到，案件裡的綁匪綁架了兒女，父母甘冒失去生命的危險要求拿自己來換取兒女的安全。

英國作家紀伯倫（Kahlil Gibran）說：「人的嘴唇所能發出的最甜美的字眼，就是母親，最美好的呼喚，就是『媽媽』。」

對於父愛，人們的讚美是比較平和與節制的，母愛似水，父愛是山，父親嚴厲的教導，含蓄無聲的愛，雖沈默卻有著深刻的力量。

父母對於兒女偉大無私的愛，唱任何讚歌都是不夠的。正是這些愛，使一個小生命長大茁壯，獨立成人，並且將這份愛如薪火般傳承下去。

親情中的另外一種是：平行的愛，即兄弟姐妹間的愛。

說來奇怪，小時候可能一起搶玩具，還會為在父母面前打小報告而爭吵，甚至幹架，如果感覺父母偏愛哪個弟妹，會心生妒忌，大哭不止，長大後卻能發自心底的關心支援，碰到困難，常常是第一個伸出援助之手。

各自奔忙於事業，未必在同一個城市，電話裡的聲音問候，聲聲叮嚀，聲聲關切，也讓人明白什麼是溫暖，即使在無語中也能感覺到絲絲心靈的觸動。團聚中只是嘮嘮磕，打打牌，然而離別時心底卻總是湧動著一種不捨。

儘管俗世中不乏為了利益而同室操戈的姐妹弟兄，然而，據我的觀察，這種異類尚是少數，大多數人都相信，既然我們血管裡流著同樣的血，我們就是同一個人。正如一首中國歌謠的歌詞那樣：

兄弟姐妹就像天上飄落的雪花，
當落到了地面，
就化成了水，融在一起，
誰也分不清是誰？

最後一種親情是上傾的愛，即兒女反哺父母的愛。

「孝道」在古代是極其重視的，所謂「百善孝為先」。在中國字中，教育的「教」字也是「孝」字蛻化而來的。「父慈子孝，兄友弟恭」，是古代道德的基礎，也是社會和國家的基礎。孔子在《論語》中對弟子曾子說：「夫孝，德之本也，教之所由生也。復坐，吾語汝，身體髮膚，受之父母，不敢毀傷，孝之始也。立身行道，揚名於後世，以顯父母，孝之終也。夫孝，始於事親，中於事君，終於立身……。」

與古代建立在家庭基礎上的國家制度不同，現代的社會制度建立在法律、民主、人權的基礎之上。然而，孝敬父母卻依然是我們這個社會的根本。

從十月懷胎，到呱呱落地後再成長為少年、青年，為人父母者嘔心瀝血地撫養教育，殊為不易。當我們長大成人，父母逐漸年邁，身為子女，反哺父母確是天經地義的事情。

世間的父母對於兒女的愛，源於本能，發自內心，在哺育兒女的過程中，也獲得諸多樂趣。

如果父母與兒女間年齡及教育程度相差不大，彼此理解，往往是一種自然而然，親密無間的關係。這種在默默相處中孝敬父母的狀態是最好不過的了。

不過，也有例外。父母思維方式的差異，代溝的存在，加上經濟因素，夫妻雙方的姻親關係等等，使得孝敬父母往往更多的成為一種責任，不是一件有樂趣的事情，光憑本能也不見得樂於實行。然而，與父母對於兒女這種偉大無私的愛相比，兩者簡直不在一個等量級，因而，孝敬父母，需要理智來參與，這一點上，應該有承認的勇氣。

父母與子女間血緣關係的成立，是不可知的自然結果，是不可選擇的，沒有公式，誰也找不出科學理性的依據。所以「天下無不是的父母」在邏輯上行不通，但在大的方面來說卻是對的。因而，基本上，對於父母的態度，不應該是一種理性科學的態度，而應該是一種宗教的態度。父母對於別的兄弟姐妹是否更偏愛？父母的性格好不好？父母的做法和觀念對不對？夫妻雙方的父母誰對自己好？這些事情你就睜一隻眼閉一隻眼吧，最好是想都不要想。因為，想了也白想。——有哪個佛教徒這樣問過佛祖？

對父母好，由理念到發自內心與本能，常常有個過程，往往是自己做了父母後，才能深刻地體認為人父母的心，做父母的苦。儘管以後更完善的社會保障可以讓孩子負擔的經濟責任輕一些，我們仍然希望兒女能夠在自己風燭殘年之際給予些許溫暖和愛。既然這樣，讓我們對父母好一點，再好一點。

友情是非親緣關係中平行的愛。

正是朋友使得生活多姿多彩。一個人在朋友面前傾訴煩惱，煩惱逐漸化為烏有，在朋友間分享快樂，快樂成幾倍數的增長。

父母兄弟的關係是上天所賜，所以，沒有選擇餘地。夫妻間雖是雙方選擇而玉成，一旦結合，總是以不仳離為原則。而朋友關係，則是可選擇的，合則聚，不合則散，在諸多的人際關係中，朋友是最輕鬆，而又比較親密的一種。

有的人朋友很多，交友廣闊，名片一大把一大把，卻均是泛泛之交。有的人朋友較少，卻是多年之交，感情極深。也有的人是這兩者的結合，朋友圈子廣，也有幾位交情深厚、足可託付的朋友。

工作，佔據了我們生活的大宗，工作中有沒有友情？這很難說。初涉社會，赤心未泯，因為雙方都沒有掌握人、財、物、資訊的資源，即使在職場，也能收穫友情。上下級之間，產生深厚友誼的例子也屢見不鮮。

但隨著經驗的增長，遇事的增多，職位的提升，知道工作場所有工作場所的遊戲規則，相互的提防也會越來越多。在同事面前的自我，多是本能縮小的自我，友情很難深入。很多人感歎，因為工作的關係所帶來的友情，常常只在步入社會之初，也有人感歎，為什麼常常在職場中不能做好朋友的人，倒是有一方離開工作環境後，關係反而加深，由同事關係而變成真正的朋友。

即使在私人範疇，朋友與利益有時也會牽扯在一起。通俗一點說，借錢常常會失去朋友——債務一方覺得債權一方老是催討，真不夠朋友，債權一方覺得債務一方老是不還，失去朋友之間基本的信用。

但是，話說回來，互助仍是朋友之間關係特徵之一。交往不深，品行不端的朋友，假如你想結束你們之間的關係，你可以借錢給他，借了不還，就當做還前世債，好聚好散。交往深，人品好，有固定收入的人，本身便不輕易開口借錢，借錢之後，不還反倒覺得心裡悶得慌。其實，朋友之間借錢，額度不是特別大，如果要寫字據，是很沒有意思的事情。誰會為借的這些個錢去打官司？一個真想還錢的朋友，沒有字據也會還，如果想賴，即使寫了字據，你又如何？

所以，朋友之間，不是萬不得已，不要牽涉到借錢之事，是否開口借錢，是否決定借出，要看清楚對象。說實話，在現代社會，理性、經濟的考量佔據主導，可以互相借錢，而且相互信任不會擔心，能保持這種古風的，是朋友之間的一個境界。

真正的朋友其實是很難度量的。只可以作簡單的想像，病重之際甚至有離開人世之虞，哪幾個人還會來看你？出差之際，哪些人足可將家事託付？哪些人即使較長時間不聯繫，也有一種默契在心間？哪些人你跟他說你最糗的事都沒有關係？哪些人你借錢給他，一點都不擔心？哪些人在你危難之際肯借錢給你？毫無疑問，有一兩個這樣的朋友，是你人生的幸運，堪值珍視。

親情、愛情、友情，是人生之中重要的情感來源，也是重要的精神支援力量。嚴格地說，一個人充分具備作為一個好朋友的條件，他一定也是一個好父母、好兒女、好配偶、好兄長、好姊妹。所以，一個人是否擁有真友情，往往可以在他是否擁有愛情、親情那兒找到，反過來也是一樣。

我們的下一代，多是獨生子女，將很難感受到兄弟姐妹之間的親情了。不過，我們不應該擔憂，因為他們的這種愛必將擴充到我們兄弟姐妹的子女——他們那一輩的表兄弟，表姐妹，叔伯兄弟姐妹。同時，友情對他們來說，也許將變得更為重要！

叁　工作與幸福

自我的成長，猶如一隻破繭而出的蝴蝶。
一次次的挑戰自我，突破自我，生命才更為燦爛。
在自我的成長上，別人並不能幫上大忙，
只有你自己才是你最大的救星！

什麼讓假期分外香甜？

生活中的幸福有時很像一個彈簧，
需要有些壓力，它才彈得更高！

在原始時代，人們的工作就是構築洞穴，狩獵、採集，因為這些工作可直接帶來驅冷蔽寒的好處，滿足口腹之欲，還有收穫獵取的快感，原始人大概不會認為工作是令人厭煩的。然而，現代工業社會，人們已經解決了溫飽，工作卻常被認為是不幸的來源。

「最後一天了！」每到星期五，好多人就好像終於從牢籠裡放出來一樣。現代人迫於生活的壓力，不得不工作，加上工作節奏快，生存競爭的壓力大，就像行走在車水馬龍的十字路口，不得稍有鬆懈，精神處於高度緊張之中。一個在職場上的工作者，雖然做著體面的工作，坐擁高薪，但不進則退，隨時有失去這一切的危險。一個小的企業主，企業抗風險能力不強，生活在戰戰兢兢之中，訂單及客戶流失的危險令人擔憂。大的企業主，則面臨著宏觀經濟環境與競爭對手、新技術替代的威脅。

緊張的工作、不斷的應酬及接不完的手機，還蠶食了與家人朋友相處的時間。同時，在酒桌上過度的狂飲，不按時的進餐，過少的睡眠，心理的疲勞，無時無刻不影響著人們的健康。

同時，越來越細的專業分工，容易讓人產生一種「自我渺小感」，一個生產線上的工人，往往覺得自己的工作簡單、重複、瑣碎、微不足道，不知到底有何價值？一個低階的公務人員，也不知道他的工作對於龐大的社會機器有何貢獻？一個文書人員也不知道他的工作對於公司到底有何促進作用？

工作不快樂，還來自於人際及自我的原因。在一個複雜的公司機器裡，個人並不能夠展現自我的本色，不能真實的暴露自我。你可能要在某些場合說自己並不願意說的話，你可能要做你不情願做的事。在講究含而不露的政界，人際間的提防，不展示自己真實感情已經成為從事這一行業的必要功課。因而，通常在工作中，並不感到真正快樂。

出於以上的原因，獲得一筆鉅額資產，不工作，少工作，成為很多現代人的重要夢想。

使得工作不快樂的因素，我們就說到這裡。

如果把話往回說，設想一下如果真的完全不工作，這大把的時間如何消磨？你可以說：「那很好，我可以天天進行環球旅遊，可以天天打牌，運動，享受生活！」

但是，一個從事酒類銷售的朋友告訴我，他發現他的顧客有很大部分是退休後領有很多退休金、也沒有生活壓力的老人，他們的生活中除了打牌，就是無聊地藉酒澆愁。

我還有一個朋友，炒地產賺了一筆錢，買了房子車子，另外有一筆夠自己生活的存款，覺得自己已經可以不工作，享受「上流社會」的生活了；然而，在三個月的旅遊等「享受生活」後，他馬上找了份事做。他說，工作的時候，覺得抽空旅遊、運動一下是一件多麼開心的事，然而，現在可以不工作了，怎麼覺得這事就再也沒那麼美妙，反倒懷念起工作的時刻來？

加拿大英語專家哈利伯頓 (Thomas Chandler Haliburton) 說：「當享受成為生活的主要事務時，它就不再是一種享受。」

工作的最低限度的價值是使人有個事情得以把時間消磨。與無所事事伴隨而來的無聊、鬱悶情緒相比，再瑣碎的工作，對於人生幸福而言都有益得多。

工作還使得假期、生活中的業餘愛好分外香甜。生活中的幸福有時很像一個彈簧，需要有些壓力，它才彈得更高。幸福需要有些壓力作為襯托，才能更體會到它的價值！

工作的另外一個價值是獲得酬勞。

無論是在職業上獲得工資報酬，還是企業主與合夥人獲得紅利，獲得酬勞可以解決衣食之憂，可以購買需要的物品，可以外出度假，可以提高生活的品質，也可以為創業累積原始的資金，這個價值是顯而易見的。

有很多人為了酬勞而工作。我曾在電視節目中看到一個真實故事，幾個兄弟為了一家人的生活，明知在礦坑工作有生命危險，然而，卻長年在煤礦區中工作，直到礦難發生，他們的一個兄弟死在礦井下。

我認識一個計程車司機，整天載著客人到各個地方，他不愛說話，也不多與客人溝通，然而，他載到客人時很快樂。因為他的女兒書讀得不錯，他知道，只要他多載些客人，就能供女兒上大學，完成學業。

即使是高學歷階層，比如有的大學教授，他所學與所教的專業現在並不熱門，他自己也沒有成就感，然而因為職稱高、待遇優厚的原因，出於對學生的負責，他盡心盡職地把工作完成。

還有的企業高層管理人員，這個工作對他來說，已經沒有多大樂趣，為了能夠支付房貸及車輛維護等各種開支，例行地工作著。用他們的話來說：「不是喜歡做，但是應該做。」

對於幸福來說，酬勞是不可缺少的一部分，報酬創造了基本的生活幸福的條件。狩獵—採集時代，原始人直接從勞動中獲得食物，現代人則從工作中獲得貨幣形式的報酬。創造價值，獲得報酬，這是天經地義的事情。

並不是每一項工作都有趣，也不是每個人都有幸地找到了自己感興趣的工作。

無論是出於家庭生活的責任，還是出於為所在服務單位謀取價值的責任來努力工作，儘管只是為了報酬，也是值得尊敬的。而且哪怕最微小的工作，對於組織整體、社會整體都創造了價值，只要創造了價值，就有意義！

然而，如果僅是為了酬勞而工作，並不能體現工作的真正價值，也不能感受到工作所帶來的深刻樂趣。

酬勞的喜悅是不長久的。它無法為工作者提供巨大而永久的動力與激情，也難以達致成功。

破繭的蝴蝶

人生本是一個零存整取的遊戲，是一個厚積薄發的過程。平日的積累越多，得到才會越多！

一個大學畢業生初入職場，擁有的是課本上的知識，零星的實踐，旺盛的體力，滿腔的熱情。他的第一份工作，一般是低層的、輔助性的，可以將所學應用在實踐中，也在實踐中不斷的學習，獲得成長。

除了一份薪水，職業本身就等於提供了免費培訓的機會。他可以獲得專業的知識和技能，他逐漸瞭解在工作中如何與人合作溝通，以及工作的價值觀，如果這個畢業生很幸運，碰到不錯的上司與同事，他們的工作理念、成功心態、思想信仰還可以鼓舞他走上正確的道路。他還可以在工作中積累人脈、資源，其中的成功、失敗、挫折、經驗、教訓都是其最寶貴的財富。

從學校畢業後的幾年，一般來說，是人生中的幸福時光。一個與學生生活完全不同的世界在面前逐一展開，雖然收入不高，但沒有家庭與經濟的直接壓力，收入可用於交友、享樂的比例反倒高些。同時，工作中求新、求變、求知欲、進取心也都是最為旺盛的，除了少數找不到滿意工作而自怨自艾者外，多數畢業生經過幾年摸爬滾打，都逐漸從學生成長為一個經驗豐富、資源廣泛、幹練的職業人士。有的到了一定的管理位置，有的則在專業領域裡有一技之長，有的擁有不錯的資源。這些都使得其職業生涯越來越寬廣。

但工作幾年後，工作經驗也有了，也不會為工作而擔心了，這個時候，反而是最容易感到迷惘的時候。因為工作本身的新鮮感沒有了，長期使用原有的技能進行謀生，挑戰性也減少了，職業的「倦怠症」開始出現。這個時候，除了將原有的技能做深做絕以外，應該考慮的是，擴展自身其他方面的能力，如技術人員鍛鍊其與人溝通交際、業務的能力，業務人員增進其管理能力等等，以向更高的職位挑戰。如果條件成熟，也可以選擇自己創業。

有的人在職業中，認為是在為老闆工作，為別人工作，為國家機器工作，不是自己的事業，而消極鬆懈；有的認為報酬太低，而做一天和尚撞一日鐘；有的為了一份高薪，不問對於自身發展有何潛在價值。而身在養尊處優的環境，這除了對於他人是一種傷害，其實傷害最大的卻是你自己，因為你自己在把自己的生命能量消耗殆盡！還有些人，因為工作的細瑣，感覺沒有受到重用而得過且過、混日子，這也是不足取的。

松下幸之助說：「即使我開一個包子鋪，我也要做最好的包子給顧客。」

拿我自己來說，一開始在企業工作時，我從事的是企業宣傳工作。企業宣傳工作並不像銷售與技術、廣告那樣，對公司發展起著決定性的影響。然而我沒有怨言，反而覺得世人不重視的領域，其建樹的空間更大。我悉心學習，不斷揣摩，結合國外的公關知識，發現一些新的方法、規律，形成一套新的理念，並用於實踐中。事實上，後來，企業為我專門成立了公關宣傳課，我這個部門的成員遍及全中國，比廣告部門的人員還多。再後來，還出版了這方面的專著。

一個畢業生剛開始工作，只是接接電話、下下訂單、站站櫃臺，並不能實現自己的理想，從而覺得與畢業時的想像相差甚大，繼而洩氣，這種想法是很不成熟的。即使就接電話、下訂單、站櫃臺而言，都是一個專門的、十分高深的學問。如果真要做到完美，都是很不容易的事。事實上，這些直接面對客戶的一線工作，將為以後的發展提供良好的基礎。如果能在這些工作上面做到最頂尖，哪一天做到主管的位置，也才會將部屬帶好、培訓好。

真正的幸福，不是擁有一個好的工作，而是擁有一個好的工作能力與心態。唯有如此才不會有失業的擔憂，也會體會到工作的樂趣所在。只有在每一次的工作經歷中都有不錯的表現，你的職業生涯才有升值的可能。獵人頭公司（Head Hunter）所尋求的是為那些肯付出努力、工作績效高、報酬卻相對較低的工作者，提供更好的報酬、更好的工作舞臺；如果本身覺得報酬低，卻以渾渾噩噩的態度虛度人生，那將永遠處在惡性循環中，更不會受到獵人頭公司的青睞。

國家的政策為鼓勵自我創業提供了更好的條件，也降低了自我創業的門檻。但是，試想一下，如果在為他人工作的時候，吊兒郎當，豈會在自我創業時立即就奮發向上？不會的，那些養成的不良慣性會反過來主宰控制著你！

如果我們觀察那些成功創業的人士，你會發現，他們都在職業生涯起步時就有絕佳的業績表現。

我認識一個企業家。他現在身價已經過億了，他曾經告訴我，他在中學畢業後，到模具廠當學徒時就十分的努力，雖然報酬不高，但是，別人一天做一個模具，他一定做兩個。工友說他傻，就那麼點工資，為什麼要多做？一個模具賣多少錢，多做一個他給我們才那麼點錢，老闆很小氣，為什麼還為他多幹活？

他保持比其他人多一倍的業績，這樣工作了一年，他被老闆加了薪，拔擢為主管。這樣工作了兩年後，他又自己創辦了模具廠，那個老闆在他開工廠時還伸出援手幫了他。

他說，如果沒有老闆的拔擢、幫助，他也一樣會努力。因為，不是為了別人，就算是為了自己日後的成長，他也要比別人努力。

他說的話耐人尋味，事實上，只要你做的真的高出你的報酬，別人遲早會發現的。人生本是一個「零存整取」的遊戲，是一個厚積薄發的過程，平日裡的付出積累越多，得到才會越多，即使今天的回報並不如意，上蒼也會在來日加倍償還你。

蝴蝶時而在花叢中休憩，時而在陽光下飛舞，色彩斑斕，在空中勾畫著優美的曲線，多麼優美，多麼漂亮！

但是人們不要忘記，當牠奮力掙脫出蛹繭時的努力。生物學家發現，只有自己破繭而出的蝴蝶，才意味著一個新的美麗生命真正誕生。如果掙脫不出繭的束縛，即使人工協助其破繭，牠的生活、飛行能力，也大受影響。

自我的成長，猶如一隻破繭而出的蝴蝶，一次次的挑戰自我，突破自我，生命才更為燦爛。在自我的成長上，別人並不能幫上大忙，只有你自己才是你最大的救星。

有夢在遠方

為夢想而工作，超越為了生存、報酬而工作的心態，
不僅能體驗到深刻的工作樂趣，往往更能得到意想不到的收穫！

如果工作能夠結合自己的興趣、愛好、特長，就能體現工作的最高價值：為實現夢想的創造性工作。這是將一份工作轉變成事業必不可少的條件，也是獲得幸福的重要途徑。

工作本身提供了人們展示智慧、技巧、能力、才華、創造力、想像力的舞臺。一個開發人員經過想像、構想，解決各種技術難題，開發出一個產品，並且在市場上受到歡迎；一個廣告人員創造出優美的廣告文案，帶來產品銷量的增長；一個律師為委託人贏得了官司；一個官員推行一項制度，為人們生活提供了便利；一個作家創造出能感動讀者的作品；一個建築師設計了一個指標性建築；

一個企業家將企業發展的戰略藍圖，一步步朝著理想而實現——這種愉悅只有在工作中才能體會得到。

人的興趣與特長千差萬別，有的喜歡文學藝術，有的喜歡科學，有的人對數字相當敏感，有的對於人際交往、管理十分感興趣，有的在商業領域有天分，有的則對政治領域及公共行政管理抱有濃厚的興趣，而這些都有相對應的職業、事業。

如果這些工作與他的興趣相一致，那麼，他的娛樂就是工作，工作就是娛樂。這種人是最為幸福的。

蘇格蘭哲學家卡萊爾 (Thomas Carlyle) 說：「祝福那些找到心愛工作的人，他們已不須企求其他的幸福。」

普通人一天工作八小時，一週工作四十個小時，以四十年來算，約有八萬三千二百個小時。如果在自己的工作中並不快樂，對於人一生來說，那是一件多麼悲慘的事！

相反的，一個人有符合自己興趣的工作，卻是另外一番景象。

年少時，我所就讀的一間學校裡有個人事檔案管理員。他對於人名有一種超常的敏感，幾乎能過目不忘。雖然檔案管理並不是大不了的工作，而且比較枯燥，但是，這位仁兄對自己的這一本領非常自豪。他工作時的幸福表情十分令人難忘。當然啦，他的工作表現也受到眾人的肯定。

將工作視為夢想實現過程的人，他將自我專注在工作中，雖然有困難，也不知其苦。這種類似於遊戲的心態，使得工作者舉重若輕，遊刃有餘，也容易成功。

張藝謀是中國著名的導演。他拍的影片風格各異，但都具有強烈的畫面感，並凝聚著他對於生活、人性的思索，他有多部電影在國際上獲得大獎。拍電影並不是一件十分容易的事，抓劇本、反覆的修改，找投資方，物色演員、工作人員，採景，現場拍攝，剪片，沖洗。將想像中的故事完全還原成現實，拍成影片，呈現在觀眾面前，是一個漫長的過程。有些劇本的時間跨度就可能在兩三年左右。

他的幾部電影，風格、故事、題材跨度都相當廣泛，而且幾乎都很成功，然而，張藝謀並不是電影科班出身的。很多人都請教他如此成功的秘訣。他說的是：「我就是喜歡搞電影。」

發明家愛迪生也是一個例子。他差不多每天在實驗室工作十八個小時。累了就在實驗室吃飯睡覺，卻絲毫不知其苦，有人問他，這樣工作不累嗎？他說：「我一生中從未做過一天工作，我每天其樂無窮。」

現實的壓力常常讓人放棄夢想。有的迫於房貸及養家的壓力，做著一份安穩的工作，直到工作激情逐漸消磨。有的人活在別人的眼光中，往往找短期看起來更體面，更高薪的工作，而自己的夢想早已經不知道在何方？

有一個故事，恰好能說明人們丟失夢想的過程：

有一對兄弟，他們住在一棟大廈的第八十層樓上。有一天他們外出旅行回家，發現大樓停電了！雖然他們背著大包的行李，但看來沒有什麼別的選擇，這時哥哥對弟弟說，我們就爬樓梯上去！於是他們背著兩大包行李爬樓梯，爬到二十樓的時候他們開始氣喘吁吁，疲累不已。哥哥突發奇想，說：「行李太重了，不如這樣吧，我們把行李放在這裡，等電力恢復後再坐電梯來拿。」於是，他們將行李放在第二十樓，這下子輕鬆多了，兩兄弟繼續向上爬。

他們有說有笑地往上爬，但是好景不常，到了四十樓，兩人實在太累了。想到才爬了一半，兩人開始互相埋怨，指責對方不注意大樓的停電公告，才會落得如此下場。他們邊吵邊爬，就這樣一路爬到了六十樓。到了六十樓，他們累得連吵架的力氣也沒有了。弟弟對哥哥說：「我們不要吵了，爬完它吧。」終於八十樓到了！興奮地來到家門口，兄弟倆才發現他們的鑰匙留在第二十樓的行李裡了……

這個故事其實就是反映了我們的人生：二十歲之前，我們活在家人、老師的期望之下，背負著很多壓力、包袱，自己也不夠成熟、能力不足，因此步履難免不穩。二十歲之後，離開了眾人的壓力，卸下了包袱，開始全力以赴地追求自己的夢想，就這樣愉快地過了二十年。可是到了四十歲，發現青春已逝，不免產生許多遺憾和悔恨，於是開始遺憾這個、惋惜那個、抱怨這個、嫉恨那個……就這樣在抱怨中度過了二十年。到了六十歲，發現人生已所剩不多，於是告訴自己不要再抱怨了，好好珍惜剩下的日子吧！就這樣默默地走完了自己的餘年。到了生命的盡頭，才想起自己好像還有什麼事情沒有完成……

原來，我們最初的夢想都留在了二十歲時的青春歲月，還沒有來得及完成……

「有夢在遠方」，是年輕人，同樣也是中年人人生最大的力量。

許多人之所以比別人成功，往往得益於忠於自己的夢想，無所畏懼，勇於向前。也有一些「土頭土腦」的人容易成功，論智慧、精明他均不及那些聰明人，但是正是那種做事秉持著「阿甘精神」（出自九〇年代的電影《阿甘正傳》〈Forrest Gump〉）的執著，導致他專一而成功。一些聰明的中年人往往已經有所得，瞻前顧後，前怕狼後怕虎，往往在遲疑中，把幸運之神和財神都氣跑了。

普通人總會懷疑那些有夢想的人，沒有抱負的人則討厭「夢想」這個詞本身。如果你有夢想，未必一定要與所有人分享，去徵求他們的意見。你可以只與幾個瞭解你的人，或是一個曾經在這方面成功過的人分享，聽聽他們如何實現夢想？曾經遇到的困難，如何解決？

夢想有時就像泥中的竹筍，總是埋在土裡生長很長的時間，最後終於破土而出，長得枝繁葉茂。如果老是翻開土來，判定竹筍是否可以長好，反而會使它早早死在土裡面。

夢想會釋放你的創造才能。創造性的工作，使得你在例行的工作與技能之外，發現新的規律，運用新的方法，打破一般的思維，使得工作更低成本，更具效率，更有成效，同時，也有更大的收益。創造性的注入還使得你的工作更具有建設性，並有里程碑式的意義！

每個普通人都有創造的潛能。有些創造是非連續性的，比如電燈的發明，完全從無到有。有的則是連續性的，比如軍用飛機到民航機。有的創造是發現新的要素，有的則是將原有要素做新的組合。

涉獵多門學問有助於創造性。一九七九年諾貝爾物理學獎金獲得者，美國科學家格拉肖 (Sheldon Lee Glashow) 說：「涉獵多方面的學問可以開闊思路……對世界或人類社會的事物形象掌握得越多，越有助於抽象思維。」生活中的觀察思考，素材的積累，才會增加創造性。

哲學家黑格爾 (Georg Wilhelm Friedrich Hegel) 也說：「單憑心血來潮並無濟於事，單靠存心要創作的意願也召喚不出靈感來。」有時，對自然界的事物進行體悟與觀察也能增加創造性。

魯班爬山時，手不小心被一種絲茅草割破，疼痛之餘，他驚詫柔弱的小草竟如此鋒利，他懷著濃厚的興趣研究、琢磨小草的構造，終於找到了秘密所在：草葉邊緣的毛刺就是「利器」。用同樣的方式處理一下鐵片，豈不可以斷木如泥？鋸子的雛形就這樣產生了。

人們通過對鳥翅膀構造的研究，設計飛機機翼；通過對蝙蝠超音波定位的仿效，製造出雷達；通過對狗鼻子構造的分析，發明了比狗鼻子更靈敏的電子嗅覺器……

松下幸之助經常以近於禪者的心態，從自然界的變化，來體悟企業經營的道理。松下藉由「個人在宇宙中十分地渺小」，以及「一個人做不了所有事情，需要拜託他人完成」的樸素道理，發明了經營上分權組織制度的「事業部制」。「事業部制」也成為許多企業通行的制度。

對於目前使用的工具、作法、思想與觀念等問題的發現，也能產生新的創造。發明腦力激盪法的美國廣告大師奧斯本（Alex Osborn）提出的稽核問題表包括了九組七十五個激勵思維活動的問題，為想要激發自我創造力人士帶來啟發：

・在面對你手邊的工作之前，請先想一想

第一，有無新的用途？是否有新的使用方式？可否改變現有使用方式？

第二，有無類似的東西？利用類比能否產生新觀念？過去有無類似的問題？可否模仿？能否超越？

第三，可增加些什麼？可附加些什麼？可否增加使用時間？可否增加頻率、尺寸、強度？可否提高性能？可否增加新成分？可否加倍？可否擴大若干倍？可否放大？可否誇大？

第四，可否減少些什麼？可否密集、壓縮、濃縮、聚束？可否微型化？可否縮短、變窄、去掉、分割、減輕？可否變成流線型？

第五，可否改變功能、顏色、形狀、運動、氣味、聲音、外形、外觀？是否還有其他改變的可能性？

第六，可否代替？用什麼代替？還有什麼別的排列？別的成分？別的材料？別的過程？別的能源？別的顏色？別的音調？別的照明？

第七，可否變換？有無可互換的成分？可否變換模式？可否變換佈置順序？可否變換操作工序？可否變換因果關係？可否變換速度或頻率？可否變換工作規範？

第八，可否顛倒？可否顛倒正負？可否顛倒正反？可否頭尾顛倒？可否上下顛倒？可否顛倒位置？可否顛倒作用？

第九，可否重新組合？可否嘗試混合、合成、配合、協調、配套？可否把物體組合？把目的組合？把特性組合？把觀念組合？

為夢想創造性地工作，超越了為了生存、報酬而工作的階段，你不僅能體驗到深刻的工作樂趣。而且，往往，工作的副產品——報酬也更高，你對工作的熱情，將更為持久，更為長遠。

品格第一

一個國家是否偉大並不取決於它疆域的大小，
而取決於它人民的品格。

——十七世紀法國名臣柯爾伯特(Jean-Baptiste Colbert)

從文學作品及影視劇中，人們往往看到官場、商場上拚個你死我活的競爭及陰謀詭計。於是，給人的印象是，從事政治、商業領域者，皆非善輩。換言之，有錢人都是壞人，壞人才會有錢，人太好就賺不了多少錢。

其實這都是偏見。以我的觀察，商業領域確有靠坑蒙拐騙而發小財的，職場上也有非善之輩爬上高位的。然而，以長遠眼光來觀察，行之長遠、最終成事的終歸是那些具有真材實料的才能、人格品質高尚的人。

我看到過一些朋友，靠賣假貨、坑蒙拐騙而早早發財。他們在朋友裡比較風光，但過些年後，奇怪的事情出現了，那些人品較好的朋友也逐漸趕上了他們，而且，路子越來越寬、生意越來越紅火；而那些很早就賺了些錢的朋友們，路子卻越來越窄。因為做生意也自有其規律，很少有人會受第二次騙，生意本是一種價值交換，不對等的價值交換不會太長久。名譽的損失，更是難以挽回的。雖然那些朋友也想從此收手，改做正經生意，卻因為名聲在外，很少有人願意扶持——沒有人敢把賣假貨的朋友介紹給自己熟識的人做生意。

我還看過一個公司的老闆，早年在別家公司工作時盜得了企業的客戶名單，然後自己成立公司，通過低價競爭，將那些大客戶拉了過來。因為有大客戶，企業發展迅速，此後又通過舉報的方式將原來那家企業擠垮了。他很得意他創業時的聰明，引以為榮在朋友中宣講，他的創業史在公司當然也不是什麼秘密。可是，後來業務人員也紛紛仿效他，拉走客戶另立山頭。業務人員心想著，既然老闆不是善良之輩，當然以不善的辦法對待他也就沒有什麼好過意不去的。何況這可是他傳授的「寶貴」經驗啊！

後來，這家公司雖然對於新招的業務人員通過公司制度加以提防，但這種情況仍然不斷發生，企業也由此漸漸衰弱下去。

佛家講因果報應。種下何因，收穫何果，並非完全沒有道理。任何事情，總是像迴力棒似的，最終會回到自己身邊來。

在美國的投資界，投資者考察被投資人，首先看的是誠實正直。如果沒有誠實正直，經營理念、產品、團隊、客戶再好，他們仍不會投資。因為，這是一個基礎，如果領導者沒有堅守誠實正直的原則，談其他的都是空中樓閣，終歸不會長久。一個不誠實正直的人經營企業，經濟風險及法律風險無法評估；以信任為基礎的投資關係，沒有誠實，僅有契約，是沒有辦法互信的。

據研究，那些靠不誠實手段而發財的人，容易走向衰敗，還有其心理原因。儘管贏得財富，因為是通過不正當手段而得來，所以只有獲得財富的一時快樂，而不會有自豪之感，自己也不會對自我產生尊敬之感。反之，一個通過正當手段贏得成功者，容易被成功所長久激奮，更加充滿信心，充滿向上的心理力量。

在職場及商業領域，包括在政治領域、學術領域，人們經常要受到誠實的考驗。求職簡歷是否如實撰寫？對於不值得尊敬的人是否表示尊敬？不願意說的話，不願意做的事，是否照說，是否照做？做生意時是否如實告知對方企業真實的履約能力？貪汙還是不貪汙？學術成果是否可以掠他人之美？……

當遇到這些考驗時，不妨想想，我如此做，是否會為此自豪？我的家人會為此驕傲嗎？我是否會因此尊敬自己？

月入八〇〇〇，決不說八〇〇一

努力地賺錢與存錢並不等同於降低生活的品質。
「吃光用光，身體健康」的人生觀，是不會幸福的！

在網路上，我看到一位小姐發的貼子（大陸用語，指在網路上張貼的文章）。大概意思是：

新買的房子使她和男友的生活像惡夢。他們倆的收入每月共三千多元，在一個中等城市買了個一百二十平方米（相當於四十坪）的房子。借了些錢交了頭期款，每月支付銀行約兩千元。有了新房子自然高興啦。但是沒想到，這高興勁沒過多久，她的男友幾個月後失業，不僅貸款交不起，借的錢也沒法還，生活費都成問題，而且也沒地方借錢了。日子每天就在債主催債，銀行催促中提心吊膽地度過。欠債幾個月之後，銀行幾次催促未果，要起訴到法院，並宣稱要收走房子，低價拍賣。

在文章裡，這位小姐，對她男友咬牙切齒，埋怨他如何的沒有和她商量便辭去職務，如何的沒用，讓她過這種苦日子，並十分後悔買了房子。

她向網友詢問對策，還是網友有明白人，說他們的收入水準根本就不應該買如此大的房子，收入三千元，每月支付銀行兩千元太高了，沒有迴旋的餘地。

這位小姐回貼說，他們的朋友都是買那麼大的房子，買那麼大沒有錯！

我們承認，在一些中等城市，收入三千元不算太低。但是，由購屋能力來看，買一百二十平方米的房子，月付銀行兩千元確實是太衝動了。

他們二人都較為年輕，積蓄不多，又都是第一次置產，其實只要夠住即可。購買決策的重點在於購屋能力的評估，「別人都有，我也要有」的風潮影響應該放在較為次要的位置。如果購買八十～九十平方米（約二十六～三十坪），每月支付銀行的費用也將控制在收入的三分之一的水準，相信如此壓力不會太大，同時還有部分積餘用於生活及投資上，不會陷入「為房子打工」的地步，降低生活的品質，也不會由於意外情況而落得如此狼狽。

幸福生活的要旨，說來其實很簡單，一方面在於「努力工作，獲得更多的金錢」，另外一方面則在於妥善地安排掌握財富——「存錢」，最後，拿錢出來投資——「讓金錢為你工作」。

人生的很多階段都需要花錢。年輕時戀愛、結婚，到了一定年齡要買房子、裝修房子，等到好不容易還清房貸，剛鬆一口氣，又要為養育孩子傷透腦筋，隨著孩子讀高中和大學，又有大筆錢需要支付……

有些人的收入不可謂低，卻存不下錢，經常陷入債務纏身的境地，有的人則由於高消費而被迫努力工作，生活在壓力的恐懼中。與這樣的人組建家庭是不會幸福的。

有些人說，「吃光用光，身體健康」。每個月花得分文不剩，認為這是一件值得自豪的事，這種「月光族」是短視的，未來不可期。

還有一種人總是透支消費。抵擋不住時尚用品、奢侈品的誘惑，狂刷信用卡。這種人總夢想著簽六合彩中大獎，股票狂漲，但這種機率是極低的。

更可怕的是，還有的年輕人由於理財不當，生活在欠債的漩渦中，有的做出詐騙、搶劫等犯罪的事來。有的女性則由於物質欲望過大，自身能力又有限，因此被人包為「二奶」，或者進入煙花柳巷從事賣笑行業。

一個年輕人剛出社會，因為沒有負擔，在交友與娛樂生活方面開銷大些，是無可指責的。但是，也應該存些錢，為以後著想。不要等到身邊的朋友都買房子、買車的時候，只有驚訝、羨慕的份，或者突然變得憤世嫉俗起來。

年輕人的收入來源較為單純，只有薪金收入，有的還有兼職收入。其開銷無非是吃、住、穿、交通、交際、孝敬父母、保險等，女性則加上化妝品的開銷。理財並不意味著痛苦地求節儉，降低生活的品質，更不是要花錢就領錢、刷卡，剩下來的就是存的錢，而是有預算計劃地花錢存錢。

經過列明開銷專案，月度開銷及年度開銷大概多少？算下來，每個月、每年大概能有多少結餘？以此作為目標。然後按照這個預算，工資發下來後，開設兩個銀行帳戶：一個是活期存款，作為日常消費帳戶；一個是定期存款，是每個月必須要存下來的錢的帳戶，並最好選擇離住處及工作場所較遠的銀行辦理，這樣就不會隨心所欲的去領錢，這樣每年才會存下一些錢。每月所存並不多，一兩年之內，這個益處是看不出來的，只要過了三五年，這個辦法的好處就顯現出來了，銀行複利的力量讓你的帳戶不費勁便出現令人驚訝地增長。

按照預算來生活，是一種自我的約束，比起隨心所欲花錢，當然要痛苦些。美國理財專家詹姆斯．羅恩說過兩段話：

「我們所有人都必須承受兩種痛苦，約束的痛苦和悔恨的痛苦。不同之處在於，約束的痛苦非常之輕，而悔恨的痛苦則苦不堪言。」

「紀律約束是奠定成功的基礎，沒有約束不可避免的會導致失敗。」

現代廣告的轟炸，對於人們物質享受的欲望起著煽風點火的作用。很多產品都與生活方式及身份聯繫起來，在生活中，盲目接受者大有人在。我們稱之為「身份迷思」。有的人收入高了些，進入了白領階層，就覺得生活方式應該往「上流社會」靠，開的是名牌轎車，喝則洋酒咖啡，住則高檔小區，休閒則非得海外旅遊。彷彿唯此才是真的「白領」。如此海派，沒人會想到他月收入只有四千多元。

我還知道這樣一件事情。有一個伯伯的兒子讀書少，智力較低，他到工廠裡做重活打工掙錢，每月收入只有八百元，家人知道他不會理財，就要求他每月寄回五百元，並把它以定期存在銀行裡。

這樣十五年過去了。等到他娶媳婦時，他的存摺裡居然有十多萬元。一個每月收入比他高得多的大學生，所存的錢居然也沒有他多。這是一種最笨的理財方法，可是卻行之有效。

存錢並且不降低生活品質的辦法有很多，以下是一些理財書上的建議以及生活中朋友們的心得，共有三十項，列在下面，以供參考：

1. 帶午餐去上班。
2. 為上學的小孩準備午餐。
3. 減少叫外賣或外食的次數。
4. 最好每週只購物一次。
5. 如果有大的儲藏間，你可以每兩週或每月購物一次，這樣可以省更多的錢。
6. 飯後再去逛食品店。
7. 心情不好時，遠離商場。
8. 在超市裡，檢查頂層貨架，便宜的商品通常擺放在不起眼的地方。

9. 購買普通品牌的商品能節省你百分之四十的錢。
10. 下午四點以後去購物，易腐敗的食品會大幅減價。
11. 一年買兩次衣服，一次買夏裝，一次買冬裝。
12. 等到節假日、大減價期間購買物品，一般都有打折及促銷活動。
13. 換季時購物。
14. 購買無須乾洗的服裝。
15. 從廠家直接購買。
16. 打聽在哪些地方可以買到物美價廉的商品。
17. 問一問店家是否有折扣或促銷措施。
18. 貨比三家，選擇最合適的價位。
19. 儘量使用當地的圖書館，只購買那些你想收藏的好書。
20. 加入本地的物品交換的俱樂部。
21. 加入交換住房聯合會（一種為會員提供異地商務、旅遊住宿交換的自發性組織），外出旅遊時可以交換住房。

幸福悄悄話

一家販賣二手商品的小商店。

省錢又環保！到跳蚤市場挑選一件自己需要的二手物品，是一種善用資源的方式，更能將愛物節用的觀念發展至生活價值上。透過舊物交流，傳承陌生人對同一件物品的情感，這美麗的邂逅，令人感受到一種具有溫度的幸福感！

22. 購買淺色的汽車，這樣可以節省汽車空調的花費。

23. 重複利用，重複使用，不僅可以省錢，還可以保護環境。

24. 購買與更新大型家用電器時，考慮節能的效果。

25. 多走路，少開車；既省錢，還能健身。

26. 在政府拍賣會時購買汽車及大宗產品。

27. 每週到提款機領錢的次數最好不要超過一次。尤其是跨行提取。

28. 定期保養汽車，可以大幅降低修車的費用。

29. 菸儘量地少抽。愛惜自己的身體，能為你賺到大一筆醫藥費。

30. 只帶少量錢去參加娛樂性質的賭博，輸完就收手。

創造財富的道理其實很簡單，這便是：永遠不要入不敷出，花的錢應少於你掙的錢，應該定期的存一些錢。有識之士不會拿自己存的錢去購買奢侈品，只拿利息及投資所得去享受更美好的事物。

最後，也是最為重要的——至少應將收入的百分之十到百分之二十用於投資，因為只有讓錢「活起來」，才會生錢，這才是「讓錢為你工作」。

讓錢為你工作

投資是一門專門的學問。擁有一定數量的錢是必不可少的基礎條件，但其中心卻不是錢的問題，而是整個的商業計劃。

掌握技術工藝，尤其是尖端技術與特殊獨家的知識，可以獲得高額的報酬。但如要獲得更高的報酬，則最好面對產業鏈的最終端——客戶。

一個企業實體，通過原始投資，加上人力資源、技術，產生產品，推銷給客戶進行交換，實現增值。客戶是活化增值的積極要素。儘管承擔著巨大的風險，與客戶打交道的環節總是利潤最豐厚的部分。導演、演員的酬金再高，高不過發行商。技術人員收入再高，高不過企業經營者。家電連鎖超市，其利潤比家電生產廠家還要高。

在生活中，我們看到畢業後的同學中，有的一開始只是從事不起眼的推銷工作，但若干年後，家境最為殷實的往往是他們。因為提成的收入直接與業績掛鉤，更因為從事推銷工作，可以直接面對客戶，積累了與客戶打交道的經驗，並且有客戶作為資源，這樣，加上有少許啟動的資金，聘請優秀的技術人員，所以，最早做老闆的往往是他們。作為利潤的控制者，所得的利潤，當然比起單純從事企業經營中某一環節所分配得到的要高得多。

一個剛畢業的大學生，從事向客戶推銷產品的工作，在人們的意識中，往往是不如意的。因為多數推銷工作，高中畢業後即能從事。但是就我的想法，如果你有眼光，並且個性也適合從事這一工作，是可以無視他人這種看法的。

人們畢業後多從事技術工作，無論是從事生產工藝的管理、網路技術、廣告策劃、人力資源管理、投資建議等，技術精進之後，如想自主創業，除了一定的原始積累外，便應該有意識地培養客戶服務的意識。目前企業營運，也多是「以客戶為中心」，有的企業提出「客戶才是真正給我們發工資的人」，這是一種事實。

無論位在任何崗位，均可以為客戶服務貢獻自己的力量。這對於企業是有益的，對於自身的發展也是有益的。

多數人都知道，如要獲得超越基本生活水準的財富，最重要的途徑便是投資。

投資雖然意味著風險，也意味著最為高額的利潤。

有人自有技術，有人自有客戶，加上投資即可以自己創辦企業。

也有人對於某些行業十分瞭解，如地產、股票、外匯等，專門投資某些行業。

還有人對於投資的規律十分嫻熟，專門從事投資，注入資金，通過企業經營利潤或者企業上市後退出，獲得鉅額回報。

投資是一個專門的精準的學問，投資者是一個龐大的群體，也是一個社會的重要力量。有一種說法，賺錢有三個階段，第一階段是「人找錢」，第二個階段是「錢找人」，第三個階段是「錢找錢」。在年輕時，多數人是靠一門技術、管理能力而獲得財富的，再年長些，即是靠工作中的資金積累或者投資創業，賣力經營，而獲得財富。到了一定年齡，有了經營經驗、資金與人脈的積累，很多人就脫離經營，靠投資而獲得財富了。

普遍來說，一份工作，其收入是穩定和可靠的，可以衣食無憂。但在上海、北京、深圳等大城市，工作對於年齡是有限制的，依靠工作的收入，面對高昂的房價及消費水準，其生存的壓力仍然存在。如要獲得更為優越的環境，獲得成功，則面對客戶，從事投資，是每個工作者要考慮的問題。

目前中國的投資管道，普通人可以進行的有地產、股票、外匯、國債、基金、古玩、郵票等。股票市場的改革已經完成，股票市場大盤總體在走牛（為中國大陸股市俗語。大盤上升期稱為「牛市」，走低期為「熊市」，走牛即為上升趨勢之意），如果懂得炒股技術，才可以選擇進入股票市場。如果上班，則最好做中長線，選擇基本面和成長性較高的企業，不用太花時間與精力。如果對之瞭解甚少，可以購買國債及一些穩健型的基金，很多基金是專家為你投資，如果是偏股型的基金，則是專家炒股，變散戶為莊家，它們的收益率雖然比股票低一些，但較為穩定，而且均比銀行存款要高。

地產也是一個增值性的產品，除了地產投機過熱地區，地產每年的增長幅度也遠高於存款利率。如果有剩餘資金，即使量不大，也可以從小戶型、二手屋開始投資，讓財富增值。

投資是一門專門的學問。擁有一定數量的錢是必不可少的基礎條件，但其中心卻不是錢的問題，而是整個的商業計劃。

通俗一點說，就是如何組織人員、技術、產品和服務、資金等要素，通過向客戶交換價值，而獲得一定的利潤，從而獲得更大的發展。

對於普通的投資者，一項商業計劃是複雜的，除了上述基本要素外，還有市場的分析、營利的模式、專案如何實施、風險如何評估、財務的分析等等。而對於成熟的投資者來說，這些就像我們日常的某項工作一樣，駕輕就熟。

任何一項投資，其核心的問題卻是一樣的，即客戶、產品與服務、資金、團隊的組成以及營利模式。錢在自己手中，必須自己瞭解投資的門道，投資成功的可能性才會大些。財務顧問雖然可以提出建議，但他不會因為你的損失而減少諮詢收入，有的還會向你進行積極遊說，兜售投資產品，因為他們的收入有一部分來自投資公司的傭金。因而，他們的建議有時也會偏離公正無私的立場。

即使是最資深的投資家也承認，選擇自己熟悉的行業成功的機率才會更大，如果不熟悉股票、基金等知識，組織一個志同道合的團隊，以自己的技術、客戶加上資金進行自我創業仍然是最保險的一種。

肆　健康與幸福

你健康，你的皮膚潤澤，氣血充沛。
你健康，就有勁、有力、有神，
你健康，你會有企盼、遐想、夢幻，
你健康，你會懷揣自信、大度、勇敢。
你健康，才會有大氣、大量、大德、大境界、大風範。

賺足健康當本錢

「健康成就未來」，這句話說得真有道理！
沒有健康，一切都黯然失色，何奢談未來？

臺灣著名的新聞主播馬雨沛漫步在美國史丹佛大學的校園裡，她背後就是著名的胡佛塔與鐘樓，她如願成為這所知名學府的東亞研究所學生，而且三個月後，就要和男友在史丹佛校園古老教堂中舉行婚禮。

洞房花燭夜，金榜題名時，上帝是多麼的照顧她！這時候的她，無比的快樂，無比的幸福！

就在男友飛回臺北兩天後，醫生卻發現她的胸部有零點六公分的癌細胞。這不到一公分的癌細胞，突如其來的病痛，改變了馬雨沛的人生。

這讓她在之後的十個月內，開了七次刀，做了四個月的化學治療，也中斷她的讀書計劃，而這年，她才三十二歲，一個捨不得休假、因為怕工作表現輸給別人的優秀主播。

世上還有比這更殘酷的事情嗎？

似錦的未來在她面前逐一展開時，因為健康原因不得不劃上休止符。

這樣的事情在生活中並不鮮見。有的人在業績卓越時突然過勞而死；有的人在賺了大筆錢之後，正當可以鬆口氣享受時，因長期忽略身體警訊而英年早逝；還有的人正當得到晉升，事業如日中天時，健康出現問題，難履新職，不得不在家調養。

有句廣告詞說得好：「健康成就未來」，沒有健康，一切都黯然失色，生活樂趣全無，何奢談未來？

有人把健康比作一，把其他財富啊，成功啊，名氣啊，聰明啊，愛情啊，美貌啊，都比作〇，只有一存在時，其他的加上去，會成為十，一百，一千，一萬，位數會越來越大，而健康不存在時，其他的往上加再多，都是一個〇，誠哉斯言！

財富常被視為是成功的代表，但健康才是人生幸福的基石！

健康猶如空氣，當我們好好的時候，容易忽略它的存在。

有的人仗著年輕，鎮日喝酒逞勇，連夜在麻將桌上酣戰，不知東方之既白。

有的人工作玩命，整日沒天沒夜的加班，嚴重透支身體。

有的則熬夜喝過多的咖啡與茶葉。

有的則飽一頓餓一頓，直到腸胃嚴重抗議……

擁有健康、自由、快樂、幸福，所需花費的成本並不高。

擁有好的胃口，一頓家常菜就足以大快朵頤。

擁有健全的舌頭，可以品嘗野外溪水的甘甜。

擁有健康的皮膚，可以享受戶外陽光的沐浴。

擁有健康的腳，可以隨處走動，跋涉遠足。

擁有健康的手，可以從事勞作，隨心創造。

擁有好的身體，可以享受男女之間的魚水歡娛。

健康才會美。

你健康，你的皮膚潤澤，氣血充沛。

你健康，就有勁、有力、有神，你會感到靈動、輕鬆、彈性，你會不憚壓力、困難、疲倦。

你健康，你會有企盼、遐想、夢幻，你感到實在、實際、完整，你會體會追求、激情、衝動、奔放，你不感到孤單、無助、可憐。

你健康，你會懷揣自信、大度、勇敢。

你健康，才會有大氣、大量、大德、大風範、大境界。

一個人要獲得成功，更需要充沛的精力，靈活的頭腦，承受巨大的壓力，好的身體是一個基本條件。

有些跨國公司招聘高級管理人員，其程序除了一般筆試、面試之外，還有一項測試：一批應徵者身背行囊，裡面有指南針、水、食物、藥品，分散在叢林山澗中，要求應徵者在指定的時間內到達指定地點，如果不行，你可以發出求援信號，但如果發出這個信號，就意味著你放棄了這個職位。這種野外謀生的試煉，主要是測試應徵者的體能。因為，在他們看來，要勝任這一高壓力的職位，鐵打的身體和管理技能一樣重要。

月薪族買屋購車，可以向銀行申請抵押和分期付款。這一超前的消費是建立在假定的基礎上，即抵押的年限——十年、十五年、二十年、三十年裡，貸款人的預期收入可以保證用來支付貸款。

隨著收入的增長，很多人在這些年限之前就提前把款還清了，據在銀行的工作人員透露，其中不能按期還款的，一小部分人是失業的影響。失業影響並不可怕，銀行催討幾次後多數可以向其他人借款還上，只要重新走上就業崗位就能照常還款，其中真正不能還款的，常是貸款人出現健康問題，預期收入成為泡影，而且治病需要大量花錢，這常成為銀行呆帳。

我有一位銀行的朋友在陪同法院人員進行房子查封時，曾經看到一個業主，過去是企業高級主管，由於健康出現問題，不僅失業了，妻子也離開了他，而且，法院也要將他賴以養病的家進行拍賣，那個慘狀沒法想像。此後，他逢朋友便感歎，哪怕錢少賺一點，千萬不要生病，才是人生最大的本錢！

你是自己最好的醫生

疾病與健康就像一種正反兩方力量的敵我博弈：

我強你弱，你強我弱，你進我退，我退你進……

日常生活中，人們對於「健康」一般的理解是：有了病就去讓醫生治，平時沒有病，就覺得是健康的了。

有的高收入者，積蓄較多，而且參加了醫療保險，對於健康一項就不再擔心了。他們心底認為：生了病無非進醫院請醫生治療，花點錢，沒什麼大不了的。現在癌症都能治好了，只要有錢，請醫術最高明的醫生，這些問題就可以解決。

這些想法都是我們對於健康的誤識。

金錢和醫生對於健康的作用，不容高估。

金錢絕對買不來好的身體！

古代的皇帝擁有無盡的財富，可以調用天下最好的醫生，用最好的藥物，但短命的皇帝在歷史中並不少見。

金錢的作用，僅可以在優越的醫療條件、進口的藥物、頂尖的醫生中發揮作用，但是，有些病從世界範圍來看，以目前的醫療發展水準，請最高明的醫生，花再多錢都無法根治，這樣的病，很多很多，例如：鼻竇炎、糖尿病、紅斑性狼瘡、愛滋病、淋巴癌……。

目前還有許多醫源性疾病，在治療的過程中，由於用藥及操作不當引起的感染、激素、抗生素濫用，經常此病未好，彼病又添。舉例而言，很多癌症患者，不是死於疾病本身，而是死於手術、化療、放射等引起的併發症及器官功能衰竭！

臺灣富商郭台銘胞弟罹患血癌，至世界各地求醫，花費上百億，預算不可謂不高，但終沒能挽回生命。

解剖學表明，人體是一個高度自洽（即自我動態調整）的平衡機體，人體具有強大的自我修復功能。人體一生有一億億個細胞，這些細胞每刻都在天然地分工、合作與新陳代謝，人體差不多九年會完成一次全身細胞蛻變。

所謂疾病，就是身體這架運作精當的機器出現損害，且通過身體補償功能亦不能使之自行修復的臨床症候反應。

疾病和健康的關係，並不是一個硬幣的正反面，非黑即白，它更像數學中的正負值，如果正值代表健康，負值就代表疾病。而其中，正值與負值之間，具有一個漫長的過渡關係。

比如，癌症只有當它含有十億個細胞時才能被臨床檢查發現，按照不同腫瘤細胞的倍增時間推算，癌症病變大概開始於能被發現之前的三至十年。即此前的三至十年，你沒有顯明可見的病症，但不能說便是健康的。

疾病與健康也像一種正反兩方力量的敵我博弈：我強你弱，你強我弱，你進我退，我退你進，你死我生，你生我死，當然啦，博弈的結果還有可能是「萬物並育而不相害，與萬物浮沈於生長之門」——兩者和平共處。

許多因素都是致病之源。

中醫認為，疾病來源於外感（即六淫：風、寒、熱、濕、燥、火）、內傷（即七情：喜、怒、憂、思、悲、恐、驚）、飲食、勞逸，來自於陰陽五行的失調。

西醫認為，疾病的來源有四個方面：

1. 病毒因素（如微生物、寄生蟲等）。
2. 物理因素（如創傷、輻射、有害化學物等）。
3. 遺傳因素。
4. 機體因素（如營養不足、微量元素缺乏、免疫功能下降等）。

作為普通人，不可能不生病，也不可能掌握專業的醫學知識，自己將病治好。但是，「如何才能更健康，因而減少致病的可能性？」卻是常人可以去做的，這也是維護幸福生活的重點。

據統計分析，人們健康長壽的因素中，醫療與藥品的作用只占百分之八。其他的主要因素是什麼呢？

主要是個體體質的好壞，自我的養生保健。就單個疾病而言，有的人可以治癒，有的則不能，主要因素也在於接受治療者的免疫能力，心態的積極程度及配合程度，機體的自我修復能力。

免疫力強，即中醫所謂正氣盛時，病菌是不容易侵入人體的。

SARS（Severe Acute Respiratory Syndrome，譯為嚴重急性呼吸道症候群）流行時，據官方統計，接觸SARS感染源者以一千萬計，SARS病患者不過百例。為什麼有人會接觸到感染源而不發病，而有些人會發病？有的人能治好，有的人不能治好？中醫在治療疾病時，往往不是著眼於消除該疾病的病毒病菌，而是著眼於喚醒調動機體自身的積極因素——免疫能力，平衡調節各個器官正常的運行。

有個老中醫在重病患者出院，接受病患的感謝時說：「你不要謝我，你的病能治好，主要是你自己的身體爭氣，我只是扶它上馬，送它一程，以後就完全靠你自己了。」雖然是客套話，但卻道出幾分實情。

據報導，儘管醫療技術突飛猛進，藥品也逐年增多，現代人的健康狀況仍然並不算令人滿意：有百分之七十的都市人群處在亞健康狀態（指身體狀況介乎健康與犯病之間的分水嶺區域），有百分之五十的人生病不去醫院就醫，有百分之六十的人沒有參加醫療保險。

根據世界衛生組織（World Health Organization, WHO）的調查，現在有三種疾病威脅我們的生命，其占死亡原因的百分之七十二。第一是心腦血管疾病，第二是惡性腫瘤，第三是呼吸道疾病，這些病面廣量大，是屬於慢性、非傳染性疾病。而根據臺灣在二〇〇六年的統計資料顯示，惡性腫瘤、腦血管疾病、心臟病，分別為十大死因的前三名。

除此之外還有肥胖症、骨質疏鬆症、膽囊炎、膽結石、脂肪肝、肝硬化、抑鬱症、慢性傳染性疾病等，而這些疾病常好發於四十歲以上的成年人。

在職業人群中，企業老闆、高級管理人員雖然收入較高，卻成為因工作壓力患病的高危險群，他們的健康狀況也多處在亞健康狀態。而亞健康疾病，在目前的醫療技術中，很難通過單純的醫療途徑解決。

美籍華人、健康教育博士李湞教授在她出版的書中寫道：在美國只有百分之十的疾病是由微生物引起的，另外百分之十是遺傳而來的，百分之三十起源於環境因素，而百分之五十卻與人們採用的生活方式有關。她警告說，不適當的生活方式將造成現代瘟疫！

世界衛生組織在一九九二年的一份報告中也指出：肇因於不良生活方式而死亡的比例，已發展國家約有百分之七十～百分之八十，發展中國家約占百分之四十～百分之五十，總計全球有百分之六十的死亡是由於不良生活方式所造成的。

根據哈佛公共衛生學院疾病預防中心的研究，通過有效地改善生活方式，百分之八十的心臟病和糖尿病、百分之七十的中風及百分之五十的癌症是可以避免的。

生活方式是自己可以選擇的，選擇一種健康的生活方式，比請十個醫生的作用更強。

人生中有各種各樣的不幸，細究起來，

身患重病是人生中最大的不幸。

但請記住，身體是你自己的，

你是自己身體最直接、最重要的管理者，是第一責任人。

疾病是否能治好，主要在你自己。

強身健體，能否遠離疾病，主要在你自己。

你無法控制結果，你不能醫治自己的身體，

但你可以控制方向，控制過程。

即使你不是醫生——

你可以適當休息，善待自己，設法在工作與健康間取得平衡。

你可以改進你的日常生活習慣，養成健康的生活方式。

你可以注意飲食，加強營養，多加運動。

你可以對自己進行簡單易行的健康管理。

別把自己不當回事

有些人，對自己的名車倍加愛惜，定期保養，
對自己的身體卻置之罔顧，這真是現代社會的一大怪事！

在「成功至上」的今天，青壯年時期常被認為這正是精力充沛、拚命賺錢的好時光，所以有很多流行的說法：

——「成功要趁早。」

——「四十歲以前用命換錢，四十歲以後用錢養命。」

——「不在三十歲前賺到第一個一百萬就是失敗的人生。」

即使是擁有較高收入的精英白領階層，如果作個考察，會發現他們的生活品質並不高：早晨八點以後起床，有的不吃早飯，對著電腦一上午，中午一般吃飯盒，有時是速食麵；下午繼續忙，晚上則有應酬，與客戶喝酒、談生意，往往深夜十點後才能回家。所以有人形容某些重大壓力的行業：「吃得比豬少，幹得比牛多，睡得比狗晚，起得比雞早。」

這樣的生活品質，這樣的心理壓力，長期下來，健康受損當然在情理之中了。

我們說過，人生是一場馬拉松賽跑，成功也是自然天成，水到渠成的事情。確立經濟目標固然重要，但如果前進的速度超越車況，遲早得停下來大修，最終仍會落在後面。

即使在上海、深圳、北京等大都市，三十歲沒有一百萬並沒有想像的那麼丟人，而四十多歲正值壯年，閱歷豐富，且精力智力都處於最佳狀態，正是企業高級管理階層、政府高層領導、創業企業長足發展的時候，如果那時真的要用錢來養命，那才真的令人歎息！

二十出頭，如果拚命也就拚了，如果年齡稍長，還不懂得用理性來掌握生活，還不懂得事業與生活、健康、家庭彼此之間的平衡，那麼，其人格成熟程度可能得打個問號，其工作的效率也是值得打問號的，其前途也就可以限量。

生活中有些人，對自己的名車倍加愛惜，定期保養，而對自己的身體卻置之罔顧，沒有一半的疼愛與細心，這是現代社會才有的怪事。

美國勵志大師金克拉(Zig Ziglar)說：「如果你有一匹身價一百萬美元的賽馬，你會讓牠整晚喝咖啡、喝酒、抽煙，還期望牠明天參賽嗎？如果是這樣，你幹嘛虐待自己價值數十億美元的身體？」

是的，健康才是最大的財富。一個人善待自己，就是在善待工作，也是在善待朋友、家人。

其次，是將生活步調稍稍慢下來，重視休息的力量。

世界上所有活的生物都需要休息——人類、動物，甚至一塊田地，這是大自然的設計。所有的動物和植物都要在適當的時間休息。

《聖經》也提到，神創造世界之後，第七天也在休息。

生理和心理上適當的休息是健康的基本要素。

科學研究證實，身體和精神的放鬆，可以降低我們身體對氧氣的需求量約百分之五十，降低心臟的負擔約百分之三十，並降低血壓。研究報告還指出，在我們休息之後，腦波中警覺和反應都會同步增強，而短期和長期的記憶力也明顯地增強。

對於一個成年人來說，每天六至八小時睡眠是必要的。在睡眠中，我們的身體正在進行重新平衡、修復。大腦也沒有完全停止工作，它的潛意識部分仍然在組織、整理。這就是為什麼有的人在夢中出現解決方案，或者在第二天一覺醒來後，會有新的靈感、想法，有新的思路。

如果有質量不錯的睡眠，頭痛機率會比較少，體力會增強，健康狀況也會相對地提高，你的氣色和皮膚都更好、更有光澤。休息不但是個人健康不可或缺的因素，還可以幫助增進我們的家庭和社會關係；睡眠時間太少，休息不足的人脾氣將更為暴躁，更容易悲觀憂鬱，更難與人相處。沒有充足的睡眠，也可能降低你對外界事物的敏感性，損害你的決策力和判斷力，若不想讓你的精力以你沒法察覺的方式逐漸變得不濟，你一定要想辦法好好的睡上一覺。

對於許多現代人來說，也許目前最大的問題是，即使花了時間睡眠，也睡不好。第二天起來，還是沒有睡飽的感覺。這是因為你的雜念未除，還在為過去以及明天後悔、擔憂。我的忠告是：儘管睡吧，如果睡不著也解決不了問題，那再想也沒有意義。

不要憂慮生命中的小事。生命中的所有事都是小事一樁！我們可以問自己這個問題：「十年之後，有誰會在意呢？」如果答案是沒人會介意，那表示這是一件小事，因此，我們也無須浪費時間去擔憂。

另外，每週要保證有一天，是你完全拋開工作的日子。如果你是腦力工作者，讓這天的你和家人在一起，或者去進行戶外運動。如果你是體力勞動者，那麼可以聽聽音樂，散散步，或者去拜訪親友，這樣的工作與生活間的「互換」，對身體將大有好處。

善待自己的另外一種方式：保持足夠的營養，將「吃得好」作為對你辛苦勞動的補償。

保持足夠的營養並不是要你大魚大肉，大進補品。相反的，是定時定量的進食，保持合理的膳食結構。足夠的營養，合理的膳食結構，為你的身體增加動力。同時，也可以避免胃潰瘍、便秘等各種腸胃疾病，以及防止癌症。

早餐一定要吃，而且要吃好。

上午是人們工作效率最高，消耗體能最多的主要時間。如果不吃早餐，大腦的血糖將變低，血液也將供應不足。

很多上班族說沒有時間吃早餐，這與睡眠是同一個問題，如果你少看電視，較早入眠，早上就可以早些起來，也就可以有時間吃早餐。早上可以吃稀飯及豆類、牛奶，這很容易買到，同時也節省時間。

如果可能，中午可以自己帶午餐，不要吃來源不明的速食飯盒。

晚上可以吃好一些，同時，儘量吃得早一些。如果吃得太晚，大腦仍在支援消化系統工作，將嚴重影響睡眠。

營養首先來自於儘量保持原材料的天然食物。加了工的食物，多數營養均在加工過程中被破壞了。自然的食物有穀類，譬如糙米、全麥麵包、大麥、燕麥、小米和裸麥等。還有豆類、堅果核桃和種子等，這些都是提供基本健康飲食的食物，包含有蛋白質、碳水化合物、維他命、礦物質和必需的脂肪酸。

最佳的食品是「有機生長」的食物，也就是沒有用任何化學肥料或方法所種植出來的食物，所有用於種植經濟農業作物的化學物質，都是有毒的。有機食物是自然生長的，施肥灌溉均是有機肥，不殘留任何化學物質，營養價值也比較高。

肉類食品在醫學領域，被認為是現代人生活中慢性惡化疾病的罪魁禍首。含有大量的飽和脂肪和膽固醇，使紅血球粘合在一起，阻塞動脈，影響心臟功能。

所以，最佳的生活方式是做一個素食者(vegetarians)。因為素食中含有一切我們需要的營養。當然，對於普通人來說，做一個素食者初期是有些困難的，「兩害相權取其輕」，你可以選擇多吃「白肉」，少吃「紅肉」。「紅肉」是指豬肉、牛肉、羊肉等，「白肉」是指雞、鴨、魚肉等。這些肉類的脂肪更容易分解，同時膽固醇相對較低。

食用油中也含有大量脂肪，所以，少油是更為科學的烹調方法。

在調味品中，控制鹽的量也十分必要。人體確實是需要鈉的，它使我們維持健康的體液平衡，增強肌肉的力量，幫助神經系統正常運作，維持血液和尿液中正常的酸鹼值。

我們可以從許多種蔬菜水果中獲得鈉，譬如番茄、菠菜、甘藍、胡蘿蔔，甚至草莓，我們身體所需的鈉都可以從這些食物裡獲取。

每人每天所需要的鈉大約是三千毫克。可是，一茶匙的鹽就含有大約兩千毫克的鈉，每一種菜中一茶匙，按兩個菜計算，每日午餐及晚餐兩頓，常人每天共攝入八千毫克的鈉。所以，遠遠超過我們身體需要的標準。

如果我們的食物中，還有罐頭食品和加工食品、醃製品的話，就可能攝取比正常多出五至六倍數量的鈉。

過量的鈉會限制氧氣進入身體的細胞內，也可能引發高血壓。有心臟、腎臟和肝臟方面問題的病人，都被醫師強迫降低鈉的攝取量。所以，我們不應該在罹患這些疾病時才注意這些保健知識。

無論東方還是西方的醫學中，均認為新鮮水果、蔬菜對人的身體最為有益。植物的組成部分，有百分之七十是水分，這些富含大量水份的食品及各種營養物質，人體更容易吸收，同時具有排毒的功效。

有許多蔬菜水果，醫學證明其本身就具有很好的防癌功能：

1. 洋蔥類：大蒜、洋蔥、韭菜、蘆筍、青蔥等；
2. 十字花科：花椰菜、甘藍菜、芥菜、蘿蔔等；

3.堅果和種子：核桃、松子、開心果、芝麻、杏仁、胡桃、瓜子等；

4.穀類：玉米、燕麥、米、小麥等；

5.莢豆類：黃豆、青豆、豌豆等；

6.水果：柳橙、橘子、蘋果、哈密瓜、奇異果、西瓜、檸檬、葡萄、葡萄柚、草莓、鳳梨等各種水果；

7.茄科：番茄、馬鈴薯、番茄薯、甜菜；

8.卅花科：胡蘿蔔、芹菜、荷蘭芹、胡荽、蒔蘿等；

9.菌類：各種蘑菇、靈芝。

同時，要留意日常飲食中具有高致癌風險的食物，它們是破壞健康的負面力量，茲列如下，以供參考：

1.鹹醃製品：鹹魚產生的二甲基亞硝酸鹽，在體內可以轉化為致癌物質二甲基亞硝酸胺。蝦醬、鹹蛋、鹹菜、臘腸、火腿、燻豬肉同樣含有致癌物質，應儘量少吃。

2.燒烤食物：烤牛肉、烤鴨、烤羊肉、烤鵝、烤乳豬、烤羊肉串等，因含有強烈致癌物不宜多吃。

3.燻製食品：如燻肉、燻肝、燻魚、燻蛋、燻豆腐乾等含苯並芘的致癌物，常食易患食道癌和胃癌。

4.油炸食品：煎炸過焦後，產生致癌物質多環芳烴。油煎餅、臭豆腐、煎炸芋角、油條等，因多數是使用重複多次的油，高溫下會產生致癌物。

5.黴變物質：米、麥、豆、玉米、花生等食品易受潮發霉，被黴菌汙染後會產生致癌毒草素——黃麴黴菌素。

6.隔夜熟白菜和酸菜：會產生亞硝酸鹽，在體內會轉化為亞硝酸胺致癌物質。

7.檳榔：嚼食檳榔是引起口腔癌的一個因素。

8.反覆燒開的水：反覆燒開的水含亞硝酸鹽，進入人體後生成致癌的亞硝酸胺。咖啡燒焦後，苯並芘會增加二十倍。

像綠茶那樣生活

現代社會中，有很多日常的生活習慣、時尚的生活方式，正在損害我們的健康。即使我們知道，卻不見得真的願意去改變……

生物學家估計人類潛在的壽命可達一百二十歲。然而，即便是已開發國家，平均壽命也只有七、八十歲。那麼，近五十年的壽命是怎樣與人們擦肩而過的呢？世界衛生組織對於健康有一個基本的估算，他們指出：健康有百分之十五取決於遺傳，百分之十取決於社會條件，百分之八取決於醫療條件，百分之七取決於自然環境，而百分之六十取決於自己習慣的生活方式。

所謂生活方式，指的是人們在日常生活中所遵循的行為規範，是習慣化了的生活活動形式。這種行為規範如果有利於促進健康和提高生命質量，就是健康的生活方式，反之就是不良的生活方式，由不良的生活方式所造成的疾病統稱為生活方式疾病。

早在一八七七年，在美國的密西根州就已經建立了一種特別的療養院，其醫療的特色是以改變生活方式來促進健康。有許多知名人士曾到那裡求醫，其中包括汽車大王福特 (Henry Ford)、石油大王洛克菲勒 (John D. Rockefeller)、發明家愛迪生 (Thomas Alva Edison)、英國文豪蕭伯納 (George Bernard Shaw)、美國前總統塔夫托 (William H. Taft) 和俄羅斯生物學家巴甫洛夫 (Ivan P. Pavlov) 等，它可能是最早成功推行健康生活方式的中心。

一九九七年，美國加利福尼亞州北部創立了一個以生活方式治療為中心的威瑪研究所 (Weimer Institute, LA)。很多慢性病患者到了那兒後，並沒有進行傳統的打針吃藥等治療，而是進行十八至二十天的健康的生活方式教育和實踐。事後檢測發現，他們的健康狀況明顯地改善，健康指標也逐漸好轉，例如血液膽固醇平均可以下降百分之二十，血糖和血壓都有明顯的降低。

威瑪研究所已經有三千多例這樣的成功例證。每年有許多美國人不遠千里，不惜支付高昂的費用到那裡去接受生活方式教育。近年來，越來越多的韓國人和日本人也專程去美國接受這種改變生活方式的教育。

在我們的生活方式中，除了前文提到的飲食、營養、睡眠休息以外，還有很多不良的生活習慣、講求時尚的生活方式正在損害我們的健康。

這其中主要是如下幾項：

1. 整天「呆」在電視前面。
2. 運動太少。
3. 對菸、酒、茶、咖啡等攝入太多。

電視進入人類生活，確是一大革命。它給人們帶來巨大的生活變化，讓人們便捷的瞭解世界，獲取知識，也帶來諸多娛樂。

但是，對電視的依賴也損害了很多人的健康。很多人在下班後，到家第一件事就是打開電視。休息日忙完家務，就守在電視機旁。

守在電視機旁，運動量減少了，戶外的陽光也忽略了，而且親人間彼此也少了溝通與交流。

據調查，百分之四十的美國人在吃晚飯的時候看電視。一年時間裡，美國兒童平均待在電視機前的時間（一千零二十三個小時）已經超過了待在學校裡的時間（九百個小時），而每五名學齡兒童當中，就有一人體重過重。電視搶奪了家庭團聚的時間，影響了孩子的閱讀能力，還直接導致了不健康的生活習慣與身心疾病，例如肥胖症的產生。兒童看電視已成為公共衛生危機，現在的小「沙發馬鈴薯」(couch potato) 就像癱在電視前面一動也不動的懶骨頭，他們長大後患上心臟病、糖尿病及其他危及性命的疾病的機率可能大為增加。

看電視時間過長，容易引發「電視綜合症」，其中有斑疹、電視興奮症、乾眼症、易感冒、頸椎病、「電視性尾骨病」等。電視還帶來了人們交流溝通能力的退化，想像力的缺乏，家庭關係的淡漠，這些電視帶來的負面效應已經讓專家感到憂慮。

在美國，Turn off Network 組織早在一九九四年便提出了 "Turn off TV, Turn on life!"（關掉電視，打開生活！）"More Reading, Less TV!"（多讀些書，少看些電視！）等口號，並發起了「不看電視週」活動。臺灣苗栗縣也開展過類似活動。

事實上，很多人只是習慣性地待在電視機旁邊，未必真的有特別好看的節目，能獲得真正有益的知識。所以規定自己只選擇性地看某些有用的幾個節目，將播出時間記錄在案，看完就關掉電視十分必要。每天晚上只看一到兩個小時電視，休息日白天不看電視，規定這樣的原則，我敢保證絕對錯過不了十分有益的資訊。將自己從電視中的時間拉出來，可以做很多其他更有益的事，運動就是一種。

很多人都感歎，在學生時代因為作息有規律，運動風氣好，所以經常鍛鍊，而到工作後，卻沒有時間，也沒有風氣和習慣。

適量的運動是身體健康的必需要素，甚至可以說是心理健康的必需。

一定量的有氧運動，使得身體循環加快，而出汗可以使得身體內的毒素排出。

人類生理結構決定，如果哪個器官長期不用，就會退化、萎縮。如果運動量太少，肌肉將會慢慢萎縮，骨骼中的鈣也容易流失。缺少運動也是現代人生活中重要的弊病。上樓有電梯、出門有汽車、洗衣不用手、微波爐一烤可以飯來張口，不但缺少運動，連一般的勞動也被簡化了。人的體能被節約，日久便退化，於是肌肉無力、骨質疏鬆、脂肪堆積、肥胖、腰椎病、頸椎病隨之而生。

運動還能解除人們的負面情緒，運動量多的人，性格不容易內傾 (introversion)，過於敏感。運動後，飯量大增，睡眠質量也很高，而運動量少的人在性格上則容易受憂鬱、沮喪、失眠等困擾。

運動的好處，也許很多人都知道，有人也心血來潮的去運動過幾回，但堅持下去並形成習慣的則很少。

生活中形成運動習慣的人士建議，運動未必要去健身房，最好在戶外。每天的運動與每週的休閒結合起來是最好的辦法。

如果要選擇簡易而容易實行的運動，則每天晚飯後與家人或朋友一起散步是一個好方法。每週進行運動量較大的戶外運動專案，則可以選擇自己喜歡的活動，與朋友一起進行，如一些球類運動、爬山等，順帶聊聊天其實是很好的選擇。「請人吃飯，不如請人健康」的觀念，現在也越來越多地為人們所接受了，何況運動後也可以一起進餐。

如果已經成家，選擇家人都比較喜歡的運動方式，一起進行，可以玩得很快樂，也可以增進彼此的情感。如此，則運動每天可以進行，每週可以持續，那麼，要維持運動的習慣並不難。

最後我們談談交際時的潤滑劑：菸、酒、咖啡。

目前隨著社會文明的進步，菸支在交際中的地位已經下降了，反對吸菸已經成為很多人的共識。然而，對於有些人來說，菸是積年累月的嗜好，不能隨便戒除。在保險事業對保險對象的壽命及疾病評估中，如果該保險對象每天超過兩包菸，即四十支，風險等級大大上升，每天超過一包，風險值也較高，因為過量吸入尼古丁、一氧化碳與煙霧，是導致許多癌症、心血管疾病的罪魁禍首。

曾有一個醫生說，抽菸的人是最傻的，菸的開支不菲，但卻是用錢來買病，此話深有道理。菸當然是完全戒除為好。但如果不能，則至少要控制在每天半包以內。在某些時刻抽菸，對於健康更為不利，如飯後、早上起床時、沒有吃早餐時，這些時刻抽菸的壞處比起平時抽菸要強十倍，即使不能戒菸，這些時候，應該做到不抽菸。

如果每天攝取少量的酒，對於身體健康其實是有好處的。但是，對於酗酒者來說，量是個最不好控制的東西，最好還是不碰酒為妙。

應酬場合，酒是少不得的東西。勸酒是好客的表現，同時酒酣耳熱之際，事情也容易辦成，所以「有多少酒量就有多少銷量」在營銷界十分流行。

不過，目前很多場合都已經不大勸酒。在中國南方，應酬時只要一起喝過三杯即止，如果不善飲，則不勉強。而且朋友見面，也是每人一杯，如果不夠可以再斟。向不能喝者勸酒，已經視為野蠻表現。

在交際中，另外一個媒介物──咖啡，又成為了流行的「食尚」。一句世界咖啡「語典」，早就是許多嗜飲咖啡的知識份子的語錄：「我不在咖啡館，就在往咖啡館的路上。」

咖啡是世界上最流行的飲品之一，它給人們帶來愉悅和興奮。大城市寫字樓（即辦公樓）旁邊的咖啡館裡經常聚集一群時髦的男女，在美輪美奐的環境中高談闊論，消磨時光。沸騰的咖啡噴溢出濃濃的幽香，工作一天的緊張心情經過咖啡的浸染變得輕鬆、自在。在這種蕩著奶香、甘甜與苦澀的液體中，生活在緊張工作步調與壓力下的人們找到了一個出口，從啜飲咖啡中，彼此交換著資訊，汲取著溫暖，從而獲得了一種熱情洋溢的生命情調。

你喝過咖啡，但你知道咖啡的主要成份嗎？

咖啡的主要成分包括：咖啡因，約占百分之一～二；脂肪，約占百分之十～十四；蛋白質，約占百分之八；另外還有碳水化合物、無機鹽和維生素等。大多數即溶咖啡中含有百分之三～四的咖啡因，一杯用咖啡壺煮出來的咖啡中大約含有一百五十毫克的咖啡因。從這些成分可知，實際上，喝咖啡對於人們在攝取營養方面來說，並沒有太多好處。

飲茶是中國傳統特色文化之一，目前中國茶館十分盛行，環境幽靜，古色古香，是個坐下來談點事情，聊聊天的好去處。

茶對於人體的好處比咖啡多些，因為含有大量的維生素C、維生素A、β胡蘿蔔素及兒茶素，這些都是抗癌的精華成分，所以適量喝些綠茶，對身體還是有益處的。

但是要注意兩點：一個是注意茶性，另外一個就是適量。

一般來說，綠茶的清熱利尿、抗腫瘤作用較佳，紅茶則以醒腦提神、降脂功能為上，花茶有理氣解鬱之效，烏龍茶、普洱茶能消脂減肥。

要特別注意的是，綠茶在沖泡時含有許多傷胃（如咖啡因、茶鹼、利尿劑等）的成分在裡頭，胃不好的人不要喝過量，喝茶後容易睡不著的人，也儘量不要睡前飲用。

由於綠茶容易吸收空氣中的濕氣以及周遭的各種味道，所以接觸空氣的時間愈久，香味愈弱，維他命C會大量減少，對健康的助益也會大打折扣。沖泡綠茶時，水溫最好控制在攝氏八十度至九十度左右。若是沖泡綠茶粉，份量是兩公克綠茶粉配四百五十毫升的白開水，並以攝氏四十度至六十度左右的溫開水沖泡即可。沖泡茶葉的第一泡不要喝，沖了熱水後，搖晃一下即可倒掉。泡好的茶最好半小時內喝掉，否則茶裡的營養成分會變得不安定。綠茶粉不可泡得太濃，否則會影響胃液的分泌，腸胃不好的人或空腹時最好不要喝。

另外一個就是量，應該注意飲用量，知道適度降低茶葉濃度與飲量，才能喝出健康與美麗！

健康膳食十則

有營養專家提供「健康膳食十則」，易於理解，行之不難，可供一般民眾參考：

1.每人每天一瓶奶。
2.每人每天一顆蛋。
3.每週餐桌上至少有一頓海魚。
4.增加豆與豆製品攝取量。
5.以雞肉、鴨肉代替豬肉。
6.每人每天最好吃500克蔬菜。
7.菌菇類食品要納入膳食結構。
8.淡些，淡些，再淡些。
9.控制高糖、高脂飲食。
10.飯要吃飽。

健康零存整取

健康是可以管理的，忽視身體狀況而造成猝逝是可以預防的！

健康中最重要、同時也是最容易被人忽略的，在於日常的管理。

健康管理首先是在國外流行，起初主要在健康或醫療保險業中應用，其目的在於減少投保人患病的風險，從而減少賠付。美國夏威夷醫療保險服務公司推行的 **HEALTH PASS** 計劃實施十年，總醫藥開支大幅減少，參與者個人每年少支出醫藥費用兩百美元；參與者平均住院時間減少兩天，每人節約費用五百零九美元，大大降低社會總體醫療支出。

後來，這項管理在大眾中流行開來，高收入人士紛紛聘請健康顧問、家庭醫生對自己的健康進行長期的管理。

這些年來，健康管理的觀念進入了中國，但服務對象主要集中在高級白領、團體用戶，以及慢性病患者。

健康管理一般有三個組成部分：

1.收集個人健康資訊。包括個人的一般情況（性別、年齡等）、目前健康狀況和家族疾病史、生活方式（膳食、體力活動、吸煙、飲酒等）、體格檢查（身高、體重、血壓等）和血、尿實驗室檢查（血脂、血糖等）。

2.健康評價，也稱疾病預測，是健康管理的核心部分。健康評價是估計具有一定健康特徵的個人，在一定時間內發生某種健康狀況和疾病的可能性。

3.健康改善，由醫生進行個體指導，並追蹤效果。

如果收入可觀，聘請一個私人健康管理顧問是一個很不錯的選擇，但如果暫時還沒有這筆開支的預算，那麼，你自己就是自己最好的醫生。

以下的方法，可以讓你成為自己的健康顧問：

．建立自我健康檔案

自我健康小檔案

個人基本資料

出生年月日		性　別	
身　高		體　重	
血　型		血　壓	

目前健康情況

曾罹患未能治癒的疾病、慢性病		曾反覆發作的疾病	

家族病史（調查直系親屬、旁系親屬的重大疾病）

血液、尿液檢查指標結果

請浮貼

【說明】一般企業及政府部門均提供每年兩次全身檢查，可將檢查結果粘貼在此。如果所在機構沒有這個福利，可以自行到醫院進行檢查。檢查結果均有參考值，詢問醫生異常的指標，並隨時保持注意。

檢視生活方式

是否吸菸？　□ 是，平均每天抽_____隻。　□ 否。

是否喝酒？　□ 是，平均每天喝_____杯。　□ 否。

是否運動？　□ 是，平均每週運動_____天。　□ 否。
運動名稱為____________________________。

是否看電視？　□ 是，平均每天看_____小時。　□ 否。

睡眠品質是否良好　□ 是，平均每天睡_____小時。　□ 否。（請填寫原因）
原因____________________________。

三餐是否定時定量？　□ 是。　□ 否。（請填寫原因）
原因____________________________。

・保存整理所有較大疾病治療用藥資料

一般的感冒之外的疾病，尤其是治療用藥時間較長的疾病，其用藥及治療方案，往往在下一次治療時，有重大的參考價值。醫生能夠通過分析，看出此次疾病與上次疾病的因果關係，是否是併發症？用藥上要注意哪些問題？

目前中國醫院要求醫生每天看一定數量的病人，以完成營業額，取得收入；臺灣的健保制度亦產生一些爭議。醫生可能沒有太多時間詳細詢問患者的病史，即使詢問，因為患者自身對於醫藥知識的缺乏，往往不能提供足夠的資訊。

保存整理這些資料，讓醫生一目了然，十分有必要。

・有病一定要去治療

據調查，中國居民有病不去求醫的比例高得嚇人：百分之六十。而沒有醫療保險的更高達百分之七十。有病而不求醫者，有相當一部分原因，是因為醫療費用的高昂，也有一部分是因為忙碌，沒有時間。還有的是認為不是急病，耽誤不了工作，於是今天拖明天，明天拖後天。

要知道，身體健康是你最大的資產。離開了它人生就沒有了積極的意義。如果從投資的角度來看，對於身體健康的投資，即使貴一點都是最划算的。因為只有身體健康才能帶來更多財富。

古代名醫扁鵲見齊桓公的「諱疾忌醫」的典故大家都知道，這個故事一方面說明不能諱疾忌醫，另外一方面，也說明疾病是拖不起的，小病可以拖成大病，本來很小的病馬上治療就可以治好，因為錯過好的治療時機，需要花費更多時間與金錢來治療，而且更難治癒。

我們可以借助一個比喻來說明，平時生病就像電腦系統出現漏洞，如果不加補丁，不灌好防毒軟體，是很容易侵入病毒的。病毒嚴重時，有時甚至要重灌系統。電腦可以重灌，不過，人的身體卻沒有那麼幸運，不可以重頭再來。

再忙，疾病都應該去治療，如果實在沒有時間，或是慢性疾病治療時間長，就必須放自己一個長假，完全配合醫生治療。

・定期檢查身體

每年至少兩次全身檢查。這對於發現生理指標異常、早期預防疾病等具有重要的意義。

在中國許多企業與政府、事業單位把身體檢查視為一項福利，可以免費進行，目前很多大城市的醫療保險制度裡，這個費用均可以通過醫療保險卡扣除。

・多交醫學界的朋友

目前，在中國一些醫院的醫生因為體制的原因，只以利益為導向，身體檢查結果隨意亂造，病情亂說，胡亂用藥。通過正常途徑已經難以得到十分正確的醫療建議。

針對你的情況，進行醫療建議，非得有朋友私人關係才行。

多交往一些醫學界的朋友，十分的重要，作為健康管理的提出建議、改進措施，可以借助他來完成，因為朋友情義在，意見更為中肯，也更為正確。

最後，我們提供一個在世界上廣泛認同的健康生活哲學中至關重要的八個要素，為你的健康加分：

1. 營養 (Nutrition)——「營養」的原則要求飲食要均衡，吃多種穀物，吃粗糧，吃新鮮水果，多吃蔬菜，少油低鹽無糖，控制主食量。

2. 鍛鍊 (Exercise)——「鍛鍊」的原則是堅持定期、定量地運動，

3. 水 (Water)——「水」的原則是每天要喝足夠的水，喝清潔的水。睡前用熱水泡腳，可以去濁氣，攝心神，促進睡眠。冬天用冷水洗臉，可以增強抵抗力。

4. 陽光 (Sunlight)——「陽光」的原則是多在戶外活動，接受自然陽光的照射。購買房子應挑選買在陽光照射充足的方向。

5. 節制 (Temperance)——「節制」的原則是節制欲望，節制不良嗜好，不過多地攝入煙，酒、咖啡、茶等刺激物。

6. 空氣 (Air)——「空氣」的原則是多到大自然中去呼吸新鮮空氣。保持室內的通風良好。

7. 休息 (Rest)——「休息」的原則是勞逸結合，也就是培養良好的休息習慣和

有規律的睡眠。

上述的七個要素對維護健康至關重要，如果貫徹到生活的各個方面，經過堅持實踐，健康狀況將明顯改善。

最後，還有一個重要的要素——「信念」(Trust)，是指建立信心，保持對人生的樂觀態度和平和心態。本章主要談生理的健康，身體的健康與心理的健康都是人生幸福的前提，關於心理的健康，我們下章將談到。

伍　性靈與幸福

左腦是「自身腦」，它屬於邏輯的、理性的、功利的大腦，
左腦可以讓人享受成功，
而右腦則是「祖先的大腦」，它屬於情感的、靈感的、直覺的大腦，
可以產生美感和喜悅感，讓人享受長久的幸福。

性靈閒談

真正的幸福都不是別人給的。靈魂有所安，心神有所主，有自由、自在、堅實、柔韌的性靈，方是幸福的根本。

一個習慣於遷徙的異域民族，男女老少在廣袤的大地上穿梭移動，有時，長老會號召他們停下來，他說：「我們走得太快了，休息一下吧！讓我們的靈魂追上來。」

一天的奔忙之後，我習慣聆聽班德瑞樂團(Bandari)的《萊茵河波影》、《迷霧山林》、《琉璃湖畔》，讓自己浸淫在採自阿爾卑斯山深處的蟲鳴、溪水、雨滴中。當清新自然的聲波在空氣中擴散開來，眼前出現阿爾卑斯山頂透明的陽光顆粒、晨霧氤氳的山間森林、波光粼粼湖面波浪，我的心亦如湖水，清澈見底。

奔忙之外，商業之外，功利之外，物質之外，我們休息，我們體驗休閒生活，我們閱讀，我們聽音樂，我們旅遊，我們欣賞世間美的事物，我們感受俗世的快樂，我們瞭解探求生命的意義，也許這些都如同那個遷徙的異域民族一樣——讓自己的靈魂追上來。

性靈就是讓自己的靈魂追上來，讓自己的心作主。從根本上說，真正的幸福都不是別人給的，靈魂有所安，心神有所主，有自由、自在、堅實、柔韌的性靈方是幸福的根本。

「性靈」一詞開始於六朝，原是文學名詞，劉勰《文心雕龍・情采篇》言及：「綜述性靈，敷寫器象。」

《顏氏家訓・文章篇》說：「文章之體，標舉興會，發引性靈。」文學大師林語堂在《語堂隨筆》中直解性靈為「個性與靈魂」。

三袁兄弟在十六世紀初葉建立了所謂「性靈派」或「公安派」，這學派就是一個主張自我表現的學派。「性」指人之個性，「靈」指人之靈魂。

禪佛也說：「琴棋書畫，達士以之養性靈，而庸夫徒賞其跡象。」

性靈到底是什麼呢？其實並沒有確切的說法。

我們姑且說，性靈是境界、性情、個性、精神、情趣、情感、美感的總和。

性靈是生命內在的動力。

性靈是一種心靈的效能力量。

性靈是一種心靈生活的藝術。

同樣是生活。在不同人的眼裡，卻不盡相同。

生活在有的人眼裡，只是賺錢的辛勞，買房子、供孩子讀書，感受到的是生活的壓力，生活的負擔，無奈為物役，人苦心也苦。

生活在有的人眼裡，是聲色歡娛，是一次次的刺激，一次次的興奮，唯有如此，才感覺自己存在，然而，刺激興奮之後，仍然是莫名空虛。

生活在有的人眼裡，就是事功，與他接觸只感覺到襲人的功利，直接、間接的目的，卻沒有豁達的情懷，人性的溫暖，生活的雅趣。

生活在有的人眼裡，勤勞奮鬥是樂，悠閒享受是樂，辛勞卻不辛苦。

生活在有的人眼裡，創造是趣，俗世是趣，生活充滿愉悅的歡笑，點滴創意，淡淡藝術的美感。

生活在有的人眼裡，猶如高手駕車，悠閒自在，丘壑在胸，透著付諸談笑、舉重若輕的豪氣。

……

是什麼塑造了人們之間不同的生活？事業成功程度？情愛美滿程度？健康狀況的不同？學歷的不同？個性的不同？特長的不同？外貌的不同？

是的，這些不同都會使人們的生活顯出其差異，然而，從根本上說，是不同的性靈塑造了人們不同的生活。人最大的不同也在於性靈的不同。

純粹的學識和學歷並不能增進性靈。

學識可以讓人們有淵博的知識、工作能力、特長，學歷越高，其研究某一個領域，更為深入和精到，然而增進性靈卻必須通過其他管道。

現在，教育越來越傾向於培養高謀生能力的工作者，這使得性靈的自我培養更為需要。

性靈也不完全等於思想和智力，因為光憑思想與智力解決不了所有的生活問題，思想與智力有助於成功，但未必必然達致幸福。

性靈也不是純粹的心理健康，因為心理的健康對於幸福來說十分必要，然而，僅是如此顯然還不夠。

性靈超越了心理健康的範疇。

性靈對於幸福生活幾乎是全面滲透的。

我們知道，心理與生理，是相互轉化的，很多生理健康疾病都源於心靈的扭曲。如果人格不健全，也無法獲致幸福的愛情與友誼。

對於事業而言，擁有健全的性靈更為重要。

我認識一個音響企業的老總，這家企業當時在音響界市場佔有率是全中國前三位，資產過億。

老總的工作精神令人感歎，每天一早八點三十分準時到公司，每天晚上加班，他總是最晚離開公司的人。即使在飯餐上，話題也從不離開工作。

幾次合作，見其如此敬業，不禁心生敬佩。然而，合作接觸越久之後，特別是正經事情辦完之後，對其言行的觀察，讓我不禁隱隱擔心起來：音響是一個享樂性、藝術性的產品，這個人不懂得笑，不懂得輕鬆，不懂得享受生活，不喜藝術，如何體察產品的妙處？更重要的是，他的心不開放，企業的成功使他對於自己十分自信；因而，別人的創意想法只要不符合他的，他連想一下都不會想，這樣的話，他辦不了的事情，手下又如何能辦到？我的一個同事說得更直接：「這也許是我接觸過最沒生活品味的老總。」

果不其然，幾年之後，音響潮流發生變化，個性化、人性化的產品疊出，這家企業的產品因為外觀、功能陷於老套，市場急劇下滑，令人痛心的是，這家品牌最後竟在市場上消失了。

一般人總是認為，像政治、商業、戰爭這樣的大事情，要排除理智之外的情感、心靈等因素，事實上，這是片面的。拿企業經營來說，現在所提供的產品與服務之間的競爭，越來越上升到品牌與文化的競爭，誰更體貼人性化需求，誰更有文化內涵，往往才是市場的贏家，內部管理而言，企業領導者戰略目標與戰略眼光，必得輔之以員工認同其文化及價值觀念，員工才能滿懷士氣奔赴願景。

松下幸之助長年聘請禪師藤大觀在其身旁，一為祈求健康，更作為其修心的指導，每次面臨重大經營決策，心神不寧，思路不清之時，必去聽問於禪師。去禪師那裡當然聽不到具體的計劃與建議，但卻能協助其進入心空明鏡的狀態，喚醒真性靈，並作出正確的決策。

古代的武將、圍棋高手，每逢大戰，都積極修身養性，因為在他們看來，決定勝負的，不光是技術、技巧，更是真誠明淨的心，所喚醒的真誠、無畏的勇氣及力量。

完整的性靈，使人容易產生「同理心」，因而更容易理解他人，有助於與他人更為融洽的相處。

完整的性靈使人更加豁達，心靈更為開放，從而對萬物抱持接納的態度。

完整的性靈使人激發想像力，潛在的創意，工作更富成效。

完整的性靈使得人們更容易挖掘人類自性中的真、善、美，從而彰顯人道的價值。

完整的性靈使人們從追求「術」，而到追求「道」。

完整的性靈使人們從「從人」、「物役」的生活而跨越到「任我」、「馭物」而活。

完整的性靈使人在「俗世」中，卻有「出世」之胸懷。

完整的性靈讓人從「迷」的生活跨越到「悟」的生活。

……

純淨的信仰

完整的性靈首先產生於純淨的信仰。

人此一生，不過百年，在漫漫的歷史長河中，浩瀚的宇宙時空裡，的確像一顆流星，只有劃過天空時那瞬間的亮光，生命本來就是一種偶然，是造化賜予的奇蹟。

正因為人生本是偶然，所以更應精進奮發，珍惜此生。

人生本是短暫，所以更應珍惜光陰，追求應該追求的，放下應該放下的，活在當下。

人生如寄，無永恆的歸宿，所以，更應當在現實的世界好好活著。

生命本是奇蹟，所以不該庸碌無為。

人生本是生命的緣起緣滅，所以，更應看開、看透，活得自在、活得曠達，

讓它成為令人發噱、忍不住回味再三的喜劇……

所以，要善待自己，善待生命。

所以，對輿論與他人譽毀不要太在意。

所以，要肯承擔，肯負責，珍愛家人。

所以，對他人少些仇恨，多些慈悲心懷。

所以，要早立目標，好好工作，自我成長，實現價值。

所以，「立德」、「立功」、「立言」，人生三事，能做的就趕緊做。

那人此一生，有何終極意義嗎？

這是一個信仰的大問題，不好回答。

但我相信，我們活在俗世，在現實的人生中，果真能把俗世與現實的自己活好，已經不是易事。

如果一生幸福的活著，並把幸福帶給他人，即使生命終結，也沒有遺憾吧？

好好的和自己相處

每個人無論多麼想要成為別人，終究是辦不到的；
每一個人都是不一樣的，心智的健全就是要接受這個獨特性。

——羅洛・梅(Rollo May)

現代社會，自由開放，價值多元，資訊獲取的管道眾多，時尚與潮流，此起彼落，但遺憾的是，迷失其中，找不到自我；隨波逐流，釐不清方向的人，卻越來越多了。

有的人老是羨慕別人：「他是公務員，有各種保障，太好了。」「他創業成功了，真好。」「他從事的行業不用經常出差，真好。」「他是自由工作者，無拘無束，太好了。」

……「唉，我怎麼會這樣呢？」「唉，我要像他們就好了。」

他不知道每行每業，好與不好相伴其間，如影隨形。身為公務員，必然要受些拘束，身為自由工作者，必然要忍耐孤獨奮鬥。

他不知道也許別人正在羨慕他，收入尚可，又沒有那麼大的壓力，又可以經常出差，又有同事可以聊天，不孤單，簡直是神仙般的日子。

有的人處處與人比較：抄襲別人的生涯目標、依照別人的生活方式過活，放棄自己的本質和自我的夢想。不接受自己，不接受自己的生活，實際上，無異於在壓抑、貶抑自我。

還有些人，總是依照「面子」，拿他人的評價標準來生活，處處與他人比較：

——別人有，所以我也要有；別人這樣，所以我也這樣。

——這樣做才有「面子」，所以我要這樣做。

——這是一種流行的時尚，所以這樣做才好。

有的人對於職業的選擇，不是因為自己的興趣和特長，甚至對於愛情的選擇，不是因為自己的心，而是因為別人看來，這樣不錯；跟別人說，好聽，「長臉」。

我甚至見過，有人做了創業的決定，後來因為情勢的變化，他知道應該取消創業的計劃，但在深層心底裡，卻囿於向對外宣佈過的「面子」問題，如果打退堂鼓，那顯得自己太沒勇氣，所以，硬著頭皮做下去，後來釀成大錯。

還有的人，總是拿自己的物質、收入來炫耀，甚至誇張聲勢，自我膨脹，掩蓋自我，連自己都不知道自己是誰。彷彿別人稱羨，他人讚美，才是他的自尊所在，活下去的可靠理由。

相反的，還有些人，見到物質上比自己優越的人，就好像矮了三分。

也有些人，抱著成見看待與自己不同的人。比如，那人很溫和，他就覺得他肯定沒有勇氣；那人學歷是博士，他就覺得那人肯定書呆子氣比較重；這個人學歷低，就肯定很粗野。他不接受那些與他不同的人。同時，與他相同的人呢？他也好像看穿了他們，更覺得沒有意思，沒有什麼值得佩服和學習的。所以，自己的心也越來越小，進步也越來越小。

這些其實都是不健全的自我在作怪。

太看重他人的意見，說明他的自我還不夠堅韌。

依靠他人的意見生活，其實是把生活的決策權拱手讓給了別人。

讓輿論、時尚左右自己的決策，說明他的自我不夠純淨、覺醒。

無法接受與自己不同和相近的他人，說明自我並不寬廣。

活在世間，人們要處理自己與他人的關係、自己與環境的關係，但最根本的，要處理好自己和自己的關係。

一個處理不好與自己關係的人，對內則陷入自責，失去自信，對抗自己，對外則怨天尤人，對他人抱著敵意的態度，對抗社會。

他人與環境在每個人心靈的「鏡像」裡，其實多少是「自我」的反映，在心理學中稱為「投射」(projection)，一個人處理不好自己和自己的關係，對世界的看法難以形成相對正確的「影像」。因而也沒有辦法處理與他人、與環境的關係，同時，也無法擁有健全的性靈，無法享受幸福。

在佛教裡，自我是「自性」，是「慧命」，是「般若覺性」，禪者則謂之「真宰」，並說：「操存要有真宰，無真宰遇事必倒。」

宇宙很大，多姿多彩，而個人本身就是一個小宇宙。天下樹葉萬萬千，沒有一片樹葉是相同的。每個人都是造物主最獨特的作品。因而，沒有理由不喜歡自己，不愛自己，從而完善獨立、充實的自我。

著名的心理學家、心理醫生羅洛·梅（Rollo May）說：每個人無論多麼想要成為別人，終究是辦不到的；每一個人都是不一樣的，心智的健全就是要接受這個獨特性。

他人的生活方式，他人的成功，你是沒有辦法複製的。遇到職業的、行業的、生活方式的選擇，聽別人說固然重要，但是，讓自己靜一靜，聽從自己的內心呼喚，則更為重要。個性沒有對錯，興趣與專長沒有對錯，生活方式的偏好也沒有對錯，即使那個職業無人喝采，這種生活方式並不時尚，接受你自我的獨特性，發展你的獨特性價值，以你的努力，相信必有回報與收穫，只要擇善固執，你就能活出另一片精彩。

「富貴常伴炎涼」，要知道，即使是有錢人，也有有錢人的自卑與煩惱，而且他的自卑與煩惱，不見得比你小，不見得比你沒錢的自卑與煩惱更容易解決。

沒有人沒有缺點，也沒有人全是優點。坦誠地接納自己的缺點，就像接受自己的優點一樣。多忘記你的缺點，多發揮你的優點，日增月長，你的缺點也會逐漸消失。有時，在別人看來，你的缺點甚至是你的個性之一。你有缺點，別人會覺得你更像一個人，也更真實可感。

客觀的看待自己，儘量不要出於過度比較、以好大喜功的心態去定位自己，設定目標。確立目標後，分解成階段性計劃，逐漸地推動它，一步步完成。這樣讓心自安，也更自信。事實上，很多人都是因為對自己沒有客觀的評價，眼高手低，自制力差，完成不了自己要求做的事情、計劃、目標後，變得越來越自責，變得越來越缺乏自信，「理想中的自我」與「現實中的自我」，落差很大，變得自我分裂，接著心情浮蕩、低落，憂鬱、煩惱和痛苦緊跟著出現。

發揮你的想像力，給未來的自我做出一定的、客觀的期許，是重要的。這是你的自我未來的藍圖，它可以讓你煥發精神的力量，讓你朝著正面的方向，一步步邁進，從而達到成功和幸福之途。

好好的和自己相處，你的自我將更為健壯，更為豐厚，更為博大寬廣。

好好的和自己相處，你更有容人、容事的雅量，因而，更易於與他人相處，與周遭的環境也更為和諧。

世間有很多人，當孤獨來臨時，或用酒精、或用毒品、或用不斷的戀愛、性愛與賭博來暫時忘記自己、麻痺自己。一個與自己關係處理得好的人，他還可以寧靜地與自己相處，享受那一份孤獨，可以作深入的分析思考，可以進行非凡的創造。

如果你有心，就會發現，這份幸福，只有少數人能享受得到。

土頭土腦又何妨？

有了堅韌的自我，加上正確的目標方向。
什麼樣的性靈，是達致成功與幸福彼岸的正道？

古代用兵者深知一個道理：「大戰用拙將。」

為什麼大戰要用拙將？而不用猛將？智士？

那是因為大戰往往曠日持久，不是一朝一夕就能見分曉。這個時候，更重要的，就是單純的目標，鋼鐵般的意志，非凡的忍耐力。

猛將的爆發力強，卻不可持久，勝易驕，如果失敗，也容易受情緒影響而氣餒。智士是聰明人，人一聰明，目標就多，想法就多，也有利益得失的考量；聰明人在乎別人如何看，有時就東想西想，沒有一腳走到黑的勇氣；聰明人相信智勝，巧勝，往往不肯用笨功夫；聰明人各方面能力都很強，所以可以不依賴部屬，全憑自己主張，寧可相信自己，就像諸葛亮一樣。

拙將不然，想法少，目標單純，「得失觀」、「面子觀」的東西少，失敗了也不太在乎，也肯承擔。拙將自知聰明不如他人，所以依賴部屬，拙將土頭土腦，只知道些質樸的道理，所以肯用笨辦法，意志力、忍耐力也像駱駝一樣堅強，雖曠日持久，而其結果往往不壞。

企業經營也經常看到這種情況，董事長學養俱佳，風度翩翩，又懂管理，又懂融資，又會營銷，拿了兩個MBA，還懂三國外語，精力充沛，具有十分現代化的頭腦，前瞻性的眼光。企業經營呢？卻一直不太順利。那個學歷只有高中的董事長同行，談話沒有一點專業術語，穿著也沒有什麼品味，說話還念錯別字，土裡土氣，營業額卻比前者還高，你說鬱悶不鬱悶?!

生活裡也常有這樣的事，一個才女兼美女往往委身於一個憨人。此人說話也不風趣，穿著也不新潮，土裡土氣的，甚至觀念裡傳統思想還挺多的，但是，最打動那個美麗女人的，卻是他憨憨的、笨笨的樣子。而且，她與他生活在一起，最安心，最踏實，倍感幸福。

現代社會，速成方法、公關技巧、智勝快捷方式真是琳琅滿目，處世有處世公關技巧，職場有職場政治精要，戀愛有戀愛秘訣，成功有成功快捷方式，出名有出名的快招，寫論文可以找槍手，得學位可以拉關係。方法技巧之多，真讓人心生佩服！

然而，不要忘記，人生雖不過百年，卻也不是一朝一夕。八年抗戰、十年內戰已算漫長，你有沒有見過，四、五十年，五、六十年的大戰？

其實誰都見過，因為人生就是這樣的大戰。

「大戰用拙將」，人生之路，技巧快捷方式之外，我們不要忘記笨拙的作用，「繩鋸木斷」、「水滴石穿」的意志力與忍耐功夫。

古人說：「文以拙進，道以拙成」，講的就是質樸實在、真誠自然，持續不斷的用功。你可曾看過哪一個大作家是靠著抄襲、雇槍手而成功？除了武俠小說的虛構，也沒有哪個和尚在幾天內，可以參禪悟道，達於正覺。

按照心理學的說法，人性之中，有「智、情、意」三方面的內容。有人「智」方面發達，有人「情」方面豐富，有人「意」方面充沛，其比例各人各不相同。

有些人比較聰明，感情也豐富，但在意志力方面卻很薄弱，在生活方面也不肯承擔，工作之中不肯負責，想法多，對生活的標準高，堅持力卻弱，往往容易逃避現實，沈浸在過去的美好回憶，對明天的不實夢想裡，難以力行，難以成事，生活也難以幸福。

也有些人天資一般，情感方面也不見得豐富，但在意志力方面卻十分過人，這種人在生活和工作上有肩膀，有擔待，實幹，決定的事就卯足一股子勁，篤力實行，往往可以肩重任、擔大局，生活的幸福度也比較高。

人性的三個方面不是一成不變的。即使是同一個人，在人生的某些階段，不同的情境，智會忽高忽低，情會忽厚忽薄，意也會忽強忽弱，所以，用不著悲觀。如果你意識到你某些方面的失調，已經影響到你生活的幸福，是可以透過有意識的努力，而有所改變。

世間聰明人並不少，能夠完成中等教育者，說明智慧方面肯定沒有多大問題。人與人的智慧，就天生的成份來看，百分之九十是相同的。有人成功，有人失敗，有人幸福，有人不幸。其中的差別，大多在意志力方面。

聰明的心智是寶貴的。如果輔之以「寧為拙者」的心態，甘於「土頭土腦」的勇氣，去掉一些短期、速成、快捷方式的想法，甩掉浮蕩躁熱之氣，目標單純，發乎內心，磨礪意志，肯承擔、肯堅持，智慧必定更為善加利用，幸福富足的生活也必定不會太遠。

幸福悄悄話

愜意地曬曬太陽，感受暖暖的陽光，幸福，盡在不言中。

快樂是自己選擇的。學習用樂觀的正向思考方式看待事物，幸福其實很容易！

左腦成功，右腦幸福

在工作與事業上，多用「左腦」，這是應該的。
然而，在生活上，卻需要時常提醒自己，多讓自己的「右腦」動起來。

美國一位名叫霍華・克萊貝爾（Howard Clinebell）的心理學家曾做過一項調查發現：現代社會中，絕大多數人已習慣利用左腦去看待問題和思考生活，這樣做的結果會使人感受輕鬆愉快的能力下降。不僅如此，過度使用左腦而忽視右腦，還是失眠、焦慮症、抑鬱症等心理疾病的主因。

人的左右兩個大腦半球是有嚴格分工的，左腦是「自身腦」，它屬於邏輯的、理性的、功利的、個人經驗的、分析的、計算的大腦，人要生存，就必須利用好左腦。左腦可以讓人享受成功，卻無法讓人享受長久的幸福感。而右腦則是「祖先的大腦」，它屬於情感的、靈感的、直覺的、音樂的、藝術的、宗教的等可以產生美感和喜悅感的大腦。

日本學者春山茂雄（著有《腦內革命》）和澳大利亞的一批學者們的發現則更為深入：過度使用左腦則必然會使人處在一種非放鬆狀態，從而使人體內產生過多的去甲腎上腺素和活性氧，這兩種物質大量且長時間存在，對人是非常有害的，能引起心身疾病。而學會使用右腦可以使人分泌更多的β－內啡肽，這種神經生化物質已被證明是能夠使人產生幸福感的腦內「黃金」。

除了以文學藝術作為謀生工具的人，現代社會的多數工作，政治、法律、營銷、金融、管理、諮詢、財務、產品開發等等，平時所運用的、訓練的多是「左腦」的功夫。在現實與功利的世界裡，我們也常常被教導「現實、現實、要現實」，「理性、理性、再理性」，這似乎也成了人是否成熟與不成熟的分水嶺。

現代社會中有些人除了在遭遇失戀、失去親友等重大人生變故，會在情緒上起波瀾，會有人生無常的宗教情感，否則平時「右腦」則好像處於關閉狀態。這種狀態如果不加以改變，激情會漸漸消失，內心將越來越匱乏，對於幸福的感受能力也將逐漸枯竭，這是十分可怕的現象。

在工作與事業上，多用「左腦」，這是應該的。然而，在生活上，一個現代都市人，卻需要時常提醒自己，多讓自己的右腦動起來，用「右腦」解決生活中的問題，這十分必要。這是生命快樂幸福的來源，也是培養性靈的不二法寶。

我聽說過這樣一件事：

一個年輕美麗的女孩子，與一個在外資企業做軟體開發的小伙子結識，並開始戀愛。那個小伙子的工作能力沒得說，生活井井有條，也沒有不良嗜好，總結起來：學歷較高，長得還行，人品又好，年齡相仿，那女孩子自己也有一份不錯的職業。按理說，郎才女貌，這可是值得羨慕的一對。

可是，大概由於電腦職業的緣故，同時也因為外商思維訓練所致，這個小伙子也將自己的生活弄得像電腦程式似的，他將自己與女孩子的東西擺放區域嚴格區分，只要違反，就大發雷霆；生活中碰到爭議，也是以最理性的分析，尋原因，找責任，刨根究底，並定下各人承擔的比例。同時，還寫下二十條雙方必須遵守的規定，並要求對兩人婚前的財產進行嚴格的界定。結果呢？當然很明顯的，這段感情並沒有發展下去。

當我一聽說此事，真不敢相信自己的耳朵。但是，這卻是現實生活中正在上演的事。

學歷越高，事業越成功，「左腦」的訓練就越多，也越習慣於用「左腦」解決生活問題，學歷高，事業成功是好事，但物化、工具化、機器人化，則是一個危險的傾向，也不是人類的本性，更沒有善用我們人類性靈的價值。

生活中的很多事情，不能夠用「左腦」來解決，比如人際溝通、愛情、家庭，又比如教育孩子等等。

我們知道，法庭是沒有辦法才去的地方，如果將「生活」預設為「法律」，「家庭」預設成「法庭」，這是自以為「聰明人」做的事，有智慧的人卻不屑為之。

按照精神分析學派始祖弗洛伊德 (Sigmund Freud) 的說法，人性有追求快樂的願望，追求慾念的立即、完全地滿足的「快樂原則」(pleasure principle) 是人們行事時有意無意遵循的。而「快樂」的適當滿足，也是人們心理正常的保證。心理的疾病往往與「快樂」的未能適當滿足有極大的關係。

我們有這樣的生活經驗，一幫子同學在一起共憶往昔的美麗時光，往往不是讀書上課，在學校得了多少獎勵，卻是在一起做的「壞事」、「糗事」，令人想起來便開懷大笑的事。

女作家張愛玲說得比較極端：「生活中的所謂快樂，大抵都在一些不相干的事上。」

幸福的生活，離不開快樂。幸福生活需要與熱情，恰當的興奮、激情相聯繫，才不會浪費生命的價值。

生命中的快樂，豐富了人們的性靈，同時，反過來，豐富的性靈也提升、滋養了快樂的品質。

晨起，打開音樂，讓音符在房間裡逐漸散漫，刷牙洗臉，空氣充滿動感，人也從惺忪中清醒起來，迎接新的一天，這是一種享受。

偷得浮生半日閒，泡一壺清茶，或靠於床頭，拿起「閒書」悠閒地閱讀，乘著作者想像力的翅膀，引領靈魂飛行，這是何等快意之事！

飯後尋個林蔭道，情侶二人，或追追打打，或踽踽而行，多麼輕鬆，多麼有趣！

放假之際，邀上三兩好友，尋個池塘河流，放杆垂釣，晴空看鳥飛，活水觀魚戲，這種野趣，多麼愜意！

背起行囊，縱情山水，感林間清風拂襟，看碧空雲霓變幻，聽橋下淌淌流水，思宇宙天然妙趣，何等閒適，何等悅人心目！

山間之空翠，水上之漣漪，潭中之雲影，草際之煙光，月下之花容，風中之柳態，若有若無，半真半幻，這是天地自然的妙境，也是我們性靈的甘泉！

欣賞文學藝術，過情感生活，悠閒生活，這是文藝工作者的必修，更是我們應該做的事。如此，在現實功利的世界裡，才有愉悅，才有美感，生活才有靈動的氣息，人生也才能豁達寬廣。

致謝

本書能與臺灣、香港、澳門的讀者見面，首先要感謝三民書局的眾編輯們，他們的熱忱、專業、敬業精神令我留下深刻的印象。

此作品在中國大陸由北京師範大學出版社同步推出，書名為《幸福比成功重要》，該出版社的言冬先生、小雅小姐對本作品的修改提出了很多中肯的建議。同時，我的好友，奧美廣告公司的鄔亮輝先生也對此書提出了許多建設性的意見。

沒有我太太沈嬋蘭女士的支持和鼓勵，這本書很難完成。

在寫此書的過程中，提供幫助的還有我的好友彭慶華先生、袁揚先生、我的兄長易勤華先生。

——謹此表達我最誠摯的謝意！

幸福是什麼？

這一頁，由你來寫……

推薦閱讀

【世紀文庫 生活001】

老饕漫筆

趙　珩／著

飲食流變，實為文化傳承，

既賴於經濟的發展，更臻於文化的提高。

本書作者自謂是饞人，故自稱為「老饕」。因其特殊的生活環境，所見所聞較同時代的人稍多，他於閒暇中，追憶過往五十年歲月中和飲食有關的點滴，或人物，或時地，或掌故，信手拈來，所傳遞的，不只是一道道佳餚的美好滋味，更多的是對漸漸消逝的文化之戀戀情懷。

【世紀文庫 生活002】

記憶中的收藏

趙　珩／著

一條長長的甬道，通向小園深處……

半個世紀的時間，很難說是一瞬，

其間有多少世事滄桑，

然而小園還是那樣的寧靜……

五十年，是人的大半生，卻是歷史的匆匆一瞬。而近五十年來，中國社會經歷巨變，許多傳統事物和文化，如舊唱片、走馬燈、戲劇、郵票、碑帖、春節禮俗……都逐漸從人們的記憶中飄逝。作者採摭過往人生經歷和見聞，以感性的筆觸，娓娓道出收藏於記憶中的人情、事物、風俗。雖說是個人雜憶，卻觸及諸多社會文化現象，再現了五十年間急遽消逝的生活場景。

【世紀文庫 文字014】

京都一年

林文月／著

對於京都，你的第一印象是什麼呢？
是穿著色彩鮮豔和服的藝妓，還是鮮嫩可口的湯豆腐呢？
是熱鬧非凡的祇園祭，還是充滿禪意的枯山水庭園？

「三十年歷久彌新，京都書寫的經典。」本書收錄了作者1970年遊學日本京都十月間所創作的散文作品，自出版即成為國人深入認識京都不可錯過的選擇，迄今仍傳唱不歇。今新版經作者校訂，並增加多幅新照。書中各篇雖早已寫就，於今讀來，那些異國情調所帶來的感動，愈見深沉。如果你對京都的認識，僅止於表面浮泛的東西，這本《京都一年》是你不可錯過的大補帖！

【世紀文庫 文字012】

客路相逢

黃光男／著

你為何想要旅行？
增廣見聞？轉換心境？或者為了讓疲憊的身心獲得休息？
旅途中，你的所見所思是什麼？
什麼樣的人事最能觸動你的心弦？

里爾克 (Rainer Maria Rilke)：「旅行只有一種，即是走入你自己的內在之旅。」本書作者具有畫家和作家兩種身分，他以畫家的心靈寫出他的旅遊見聞和感懷，因此，書裡所呈現的彷彿是一幅幅以沾著詩意的文字所繪成的畫作。畫裡，有美不勝收的自然景觀，有令人動容的公共建設，更有引人深思的文化觀察和省思；是視覺和心靈的遊記。你渴望不一樣的旅行嗎？翻開本書，開始踏上旅程吧。

國家圖書館出版品預行編目資料

幸福易開罐／易聖華著.－－初版一刷.－－臺北市：
三民，2007
面；　公分.－－(LIFE系列)

ISBN 978-957-14-4793-3　(平裝)

1.人生哲學 2.幸福

191　　96012265

© 幸福易開罐

著作人	易聖華
企劃編輯	黃麗瑾
責任編輯	黃麗瑾
美術設計	李唯綸
插畫設計	王　緋
校　對	王良郁
發行人	劉振強
發行所	三民書局股份有限公司
	地址　臺北市復興北路386號
	電話　(02)25006600
	郵撥帳號　0009998-5
門市部	(復北店) 臺北市復興北路386號
	(重南店) 臺北市重慶南路一段61號
出版日期	初版一刷　2007年7月
編　號	S 811420
基本定價	肆　元

行政院新聞局登記證局版臺業字第〇二〇〇號

ISBN　978-957-14-4793-3　(平裝)

http://www.sanmin.com.tw　三民網路書店
※本書如有缺頁、破損或裝訂錯誤，請寄回本公司更換。